Marion Jentzsch

Kaffee & Kuchen
in Heidelberg, Mannheim
und Umgebung

W0190125

Marion Jentzsch

KAFFEE & KUCHEN

in Heidelberg, Mannheim und Umgebung

Besondere Cafés und
die besten Kuchenrezepte der Region

G. Braun Buchverlag

Impressum

G. BRAUN *Buchverlag*

www.gbraun-buchverlag.de

© 2012 G. Braun Telefonbuchverlage
GmbH & Co. KG, Karlsruhe

Satz und Umschlaggestaltung:
post scriptum, www.post-scriptum.biz

Druck: Orga-Concept, Filderstadt

ISBN 978-3-7650-8631-1

Inhaltsverzeichnis

Rezepte 148

Cafés und Kaffeehäuser

einst ...

Das heutige Café hat eine lange Geschichte, die bis ins Osmanische Reich zurückreicht. Die ersten Kaffeehäuser entstanden dort in Kairo, Damaskus und Aleppo. 1647 wurde dann unter den Arkaden des Markusplatzes in Venedig das erste Café in Westeuropa eröffnet. Kaffeehäuser in anderen Städten wie Wien und Paris folgten. Besu-

cher dieser frühen Kaffeehäuser waren vorwiegend Geschäftleute, die dort beim Kaffee ihre Geschäfte besprachen. In den folgenden Jahren enstanden aber auch Cafés für Literaten, für Gelehrte, Juristen und sogar für Spieler.

In diesen frühen Kaffeehäusern wurden auch die ersten Postfächer eingerichtet. Sie spielten damit bei der Entstehung des Postwesens eine bedeutende Rolle. Auch zum heutigen Zeitungswesen gibt es eine wichtige Verbindungslinie, da sich die Redaktionen der vor allem im England des 18. Jahrhunderts aufkommenden Gazetten in Cafés niederließen. Die Kaffeehäuser wurden so allmählich zu Zentren der öffentlichen Meinungsbildung und fungierten zunehmend als Treffpunkt des öffentlichen Lebens.

Diese Verbindung von Gastlichkeit und gesellschaftlicher Bedeutung ist heutigen Cafés weitgehend abhanden gekommen. Cafés und Kaffeehäuser sind heute in erster Linie Gastronomiebetriebe, die sich den ökonomischen Veränderungen angepasst haben. Cafés als Orte der Begegnung und der Muße mit ihrem ursprünglichen Charme, mit ihrer großzügigen Einrichtung, der ruhigen Atmosphäre und der Auswahl an Zeitungen zur gemütlichen Lektüre, wie sie noch vor einigen Jahrzehnten existierten, gehören weitgehend der Vergangenheit an. Stattdessen hat sich heute besonders in Städten ein Cafétyp herausgebildet, dessen Interieur sich durch klare Linien und einen mehr oder weniger konsequenten Verzicht auf Accessoires wie Vorhänge und Tischdecken auszeichnet. Auch das kulinarische Angebot hat sich verändert. Es deckt heute alle Bedürfnisse ab: So werden heute nicht mehr nur Kaffee und Kuchen, sondern auch ein umfangreiches Frühstück und zumeist auch eine größere Speisekarte mit warmen Gerichten und alkoholischen Getränken angeboten. Die Grenze zum Bistro oder zum Restaurant ist fließend. Häufig sind solche Cafés als Coffee-Lounges konzipiert und bis in den späten Abend geöffnet.

Eine weitere Besonderheit, die mit dieser Entwicklung einhergeht, ist die Tatsache, dass in vielen Cafés Kuchen und Torten nicht mehr selbst hergestellt, sondern von regionalen Großkonditoreien bezogen werden. Ein wirklich üppiges Kuchenangebot findet sich daher heute nur noch in Konditoreien, die, wenn ihnen ein Café angeschlossen ist, am ehesten noch an traditionelle Kaffeehäuser erinnern.

Meine Auswahl

Unter den vorgestellten Adressen finden sich die unterschiedlichsten Cafés. Die Auswahl reicht vom traditionsgeprägten Tortentempel über das moderne Tagescafé mit Loungecharakter bis hin zum gemütlichen Ausflugsziel. Daneben wurden auch einige Kaffeeröstereien, Chocolaterien und Kuchenkauftipps in dieses Buch aufgenommen. Ausschlaggebende Kriterien für die Auswahl der Häuser waren die Qualität des Angebots, die Stimmigkeit des Konzepts, die Gestaltung der Governance räume, das Engagement der Betreiber, der Service und gelegentlich auch die Lage des jeweiligen Hauses. Wichtig war auch ein – zugegebenermaßen subjektives – Wohlgefühl, wie es sich beim Besuch eines gut geführten Hauses einstellt. Auf die Aufnahme sogenannter systemgastronomischer Betriebe wie *Starbucks*, *Star Coffee* oder *The Coffee Store* wurde bewusst verzichtet, da diese Einrichtungen auf schnellen Durchlauf ausgerichtet sind und aufgrund ihres stereotypen Angebots meines Erachtens keinen Gewinn für die Cafélandschaft darstellen.

Zur leichteren Orientierung finden Sie zu jeder Adresse einige Hinweise unter den Rubriken Das Besondere, Stil & Stimmung und Draußensitzen. Sollten Sie nach einem Besuch der hier empfohlenen Adressen zu einem anderen Ergebnis kommen oder der Ansicht sein, dass das eine oder andere Café, das hier nicht erwähnt ist, in diesen Kaffeehausführer aufgenommen werden sollte, teilen Sie mir dies bitte mit.

Ansonsten hoffe ich, dass Sie mit diesem Büchlein viele neue Adressen entdecken und anregende Stunden bei Kaffee und Kuchen verbringen werden.

Das Besondere, falls vorhanden

zum Beispiel   ein besonders üppiges Kuchenangebot
ein ausgefallenes Konzept
ein ungewöhnliches Ambiente
das besondere Engagement der Betreiber
oder ein bemerkenswerter Service

Stil & Stimmung

etwa   Traditionscafé
Großstadtflair
elegant-bürgerlich
modern-gestylt
ländlich-rustikal
Ausflugscafé

Draußensitzen

🌴 ein paar Tische am Straßenrand, vor dem Haus oder im Hof

🌴🌴 Tische im Garten, in einem reizvollen Innenhof, auf einem schönen Platz, auf einer schön gelegenen Terrasse oder in der Fußgängerzone mit Blick auf das innerstädtische Treiben

🌴🌴🌴 besonders schönes Ambiente

Auch bei den hier vorgestellten Cafés stimmt leider nicht immer alles …

Cappuccino, Latte Macchiato, Espresso & Co …

… sind Kaffeespezialitäten, die in Deutschland mittlerweile jeder kennt. Dass ein deutsches Traditionscafé für die italienischen Kaffeeklassiker nicht unbedingt italienischen Kaffee verwendet, ist einzusehen, dann aber sollte das italienische Kaffeeangebot wenigstens mit einem wirklich guten Kaffee und dann auch mit der erforderlichen Kaffeemenge zubereitet werden.

Preis und Leistung

Preis und Leistung zeigen gerade beim Kaffee- und Teeangebot eine merkwürdige Diskrepanz. Es ist klar, dass die Haupteinnahmequelle eines Cafébetriebs bei den Getränken liegt. Dennoch ist der Preis für eine Tasse Kaffee oft zu hoch. Bei Kaffeeröstern, die in aller Regel Spitzenkaffees (und dann auch noch sachgerecht zubereitet!) servieren, ist der verlangte Preis (und hier ist er auf jeden Fall gerechtfertigt) auch nicht höher.

Zuckerangebot

Es ist schade, dass sich das Zuckerangebot in Cafés meist auf weißen Kristallzucker beschränkt, insbesondere dann, wenn auch Tee angeboten wird, wie das eigentlich immer der Fall ist. Zu Tee passen bekanntermaßen auch hervorragend Kandiszucker und brauner Zucker – letzterer im übrigen auch sehr gut zum Espresso. Und für alle, die Süßstoff bevorzugen, wären ein paar Tütchen Süßstoff in der Zuckerauswahl eine entgegenkommende Geste.

Das Messer zum Schneiden von Kuchen & Torten

Was mir immer wieder unangenehm auffällt, mitunter auch in anspruchsvollen Häusern, ist der Umgang mit dem Messer. Es ist eine Unsitte, Kuchen oder Torten mit einem Messer aufzuschneiden, an dem noch Reste des zuvor geschnittenen Kuchens haften. Die Verwendung eines dieser Wasserbehälter mit Gummilippe, in die das Messer nach jedem Einsatz eingetaucht wird, macht nur Sinn, wenn das Messer nach der Entnahme aus dem Behälter und vor der nächsten Verwendung mit einem sauberen Tuch abgewischt wird. Geschieht das nicht, bekommt der Gast das Kuchenstück mit einem unappetitlichen Schmierfilm überzogen serviert.

Eine genussvolle Lektüre …

… gehört traditionell zu einem Kaffeehausbesuch. Leider wird das nicht in allen Cafés bedacht. Das Angebot geht manchmal über eine einzige Tageszeitung und ein paar abgegriffene Lesezirkelhefte nicht hinaus.

Diese kritischen Anmerkungen sollen Ihre Freude an einem Kaffeehausbesuch jedoch in keinster Weise trüben. Die genannten Mängel treten bei den vorgestellten Cafés nie gehäuft auf. Wenn das der Fall wäre, dann hätte ich sie nicht in mein Buch aufgenommen.

Heidelberg

Althergebrachtes und Innovatives verbinden sich in der lebendigen, vom studentischen Leben und dem Tourismus geprägten Metropole der Rhein-Neckar-Region. Seit dem Anfang des 19. Jahrhunderts wurde die ehemalige kurpfälzische Residenzstadt nicht zuletzt dank ihrer landschaftlichen Reize und der pittoresken Schlossruine, dem Wahrzeichen der Stadt, zu einem der wichtigsten Orte der deutschen Romantik. Auch das Fluidum der ehemaligen Residenzstadt, ein großer und gut erhaltener und attraktiver Altstadtkern sowie die Universität, die zu den ältesten europäischen Universitäten gehört, machen Heidelberg zu einem Magneten für alle Deutschlandreisenden. Kein Wunder, dass die Altstadt von Touristenscharen mit Kameras – oft aus Übersee – überschwemmt wird, ein babylonisches Sprachgewirr herrscht und dass sich Geschäft an Geschäft, Shop an Shop und Imbisskette an Imbisskette reiht. Doch ist Heidelberg heute nicht nur eine touristische Hochburg, sondern auch ein modernes Dienstleistungs- und Wissenschaftszentrum, das das städtische Leben mitbestimmt.

So vielfältig wie die verschiedenen Einflüsse, die das Heidelberger Lebensgefühl prägen, so vielfältig ist heute die Cafélandschaft der Stadt. Historisch-traditionelle Cafés sind zwar auch heute noch in der Innenstadt anzutreffen, doch haben sich die meisten aus ökonomischen Gründen auch eine Mittagskarte zugelegt oder sich in rührige Ganztagsbetriebe verwandelt. Traditionelle Kuchen- und Tortentempel, die auf ein solches Angebot verzichten, sind dagegen im Zentrum kaum mehr anzutreffen. Als neuere Entwicklung gibt es Coffee-Bars mit einer kleinen Kuchen- und Snackauswahl und langen Öffnungszeiten. Andere Cafés haben sich auf einen schnellen Espresso oder andere Kaffeespezialitäten mit Blick auf die vorbeiwogenden Heidelberg-Besucher spezialisiert. Das Angebot hat sich also in den letzten Jahrzehnten stark diversifiziert – und damit haben Sie auch die Qual der Wahl!

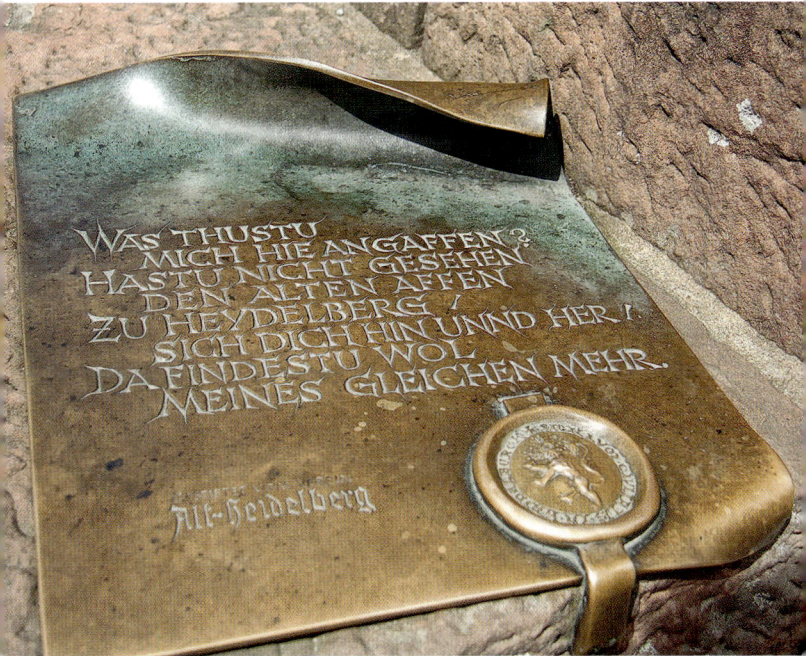

Ein herrlicher Blick auf die Alte Brücke bietet sich von der Panoramaterrasse
der Molkenkur, einem Restaurant-Café mit Biergarten. Hier stand einst der
Vorläufer des heutigen Heidelberger Schlosses, die Obere Burg, die 1303 erst-
mals urkundlich erwähnt und durch einen Blitzschlag 1537 zerstört wurde.

Molkenkur, Molkenkur Hotel GmbH,
Klingenteichstraße 31, 69117 Heidelberg

Tel. 0 62 21 / 65 40 80, www.molkenkur.de
Öffnungszeiten Restaurant, Café: Di bis Fr ab 15 Uhr,
Sa und So ab 12 Uhr, Montag Ruhetag

1 Knösel Haspelgasse 20

Mitten in der Altstadt gelegenes Traditionscafé mit langer Geschichte und Blick auf die Heiliggeist-Kirche. 1704 erbaute ein italienischer Kaufmann Ecke Haspelgasse / Untere Straße ein stattliches Wohn- und Geschäftshaus. Um 1770 änderte sich die Nutzung des Gebäudes, denn dort etablierte sich ein Damenstift, in dem wohlhabende und adelige Frauen, die unverheiratet oder verwitwet waren, in religiöser Gemeinschaft zusammenlebten. Danach beherbergte das Haus eine Apotheke und später eine Weinhandlung, bis es in den 40er Jahren des 19. Jahrhunderts von dem damaligen Bürgermeister Leonhard Ritzhaupt erworben wurde. Da dieser sehr jung starb und die Witwe für ihren Unterhalt und den der beiden Töchter zu sorgen hatte, vermietete sie Zimmer an Studenten, die bald auch bekocht und bewirtet wurden. Damit war der gastronomische Grundstein gelegt. Die Wohnräume im Erdgeschoss wurden zu einer Begegnungsstätte umgebaut, in der sich die schlagenden Studentenverbindungen der *Westfalen* und *Vandalen* trafen. Bilder und Scherenschnitte sind auch heute noch authentische Zeugnisse dieser Zeit. Im Jahr 1903 kauften Caroline Knösel und ihr Mann das Anwesen. Bis zum Jahre 2005 blieb das Café im Besitz der Familie Knösel, nach der es auch seinen Namen erhielt.

Das Knösel war eines der bekanntesten Cafés der Heidelberger Altstadt und Inbegriff des stilvollen Alt-Heidelberger Kaffeehauses, in dem man am Nachmittag zu Kaffee und Kuchen einkehrte. Und es war für seine opulente Kuchen- und Tortenauswahl bekannt. 2005 erfolgte dann ein Besitzerwechsel und eine behutsame Modernisierung. So wurde beispielsweise das „Bremer Zimmer" erhalten. Es verdankt seinen Namen dem Inventar eines Salons der „MS Bremen", einem Passagierschiff, das Anfang des 20. Jahrhunderts das Blaue Band erhielt.

Kuchen- und Tortenangebot: Obwohl das Knösel inzwischen zum Restaurant erweitert wurde, ist die Kuchenauswahl noch immer bemerkenswert. Im Angebot sind täglich 15 bis 24 verschiedene Kuchen und Torten, die von einer regionalen Großkonditorei stammen. Die Kuchen werden immer frisch angeboten. Bei den Obstkuchen – mit und ohne Streusel – wird besonders auf die Verwendung saisonaler Früchte geachtet. Unter den Creme- und Sahnetorten finden sich Klassiker wie die *Herrentorte*, die *Sachertorte*, der *Frankfurter Kranz* und eine *Käsesahne* – alle von beachtlicher Bauhöhe. Insbesondere die Cremetorten sind sehr mächtig. In dem Reigen der Tortenklassiker darf natürlich auch die *Schwarzwälder Kirschtorte* nicht fehlen – ein Rezept dafür finden Sie auf S. 220.

Warme Küche: In der warmen Küche gibt es eine kleine Monatskarte mit regionalen Gerichten (neben Flammkuchen auch Schnitzel, Rumpsteaks oder Fisch), daneben ein wöchentlich wechselndes Angebot mit Salaten, Pasta- und Fleischgerichten.

 Aufmerksamer Service.

Café Restaurant Knösel® (Sibylle Serafin, Sabine Ferres)
Café „K" GmbH
Haspelgasse 20 [Altstadt]
69117 Heidelberg

Telefon 0 62 21 / 7 27 27 54, www.cafek-hd.de

Öffnungszeiten	Täglich 11–24 Uhr, kein Ruhetag
Plätze	Innen 80 bis 90 Sitzplätze, vor und neben dem Haus circa 35 Plätze
Preisniveau	im Kaffee- und Kuchenbereich mittel
Das Besondere	Gelungene Kombination von traditionell und modern
Stil & Stimmung	Bürgerlich
Draußensitzen	

Den berühmten Heidelberger Studentenkuss®, mit dem das Cafe Knösel immer in Verbindung gebracht wird, kann man allerdings nicht im Café Knösel, sondern ein paar Schritte weiter in der Haspelgasse kaufen. Dieses Gebäck aus Praliné-Nougat-Schokoladen-Füllung auf Waffelboden in Zartbitterkuvertüre, wird heute von Knösels Urenkelin in dem kleinen Altstadtladen angeboten.

Chocoladenmanufaktur & Chocolaterie KNÖSEL,
Haspelgasse 16, 69117 Heidelberg

Telefon 0 62 21 / 2 23 45, www.studentenkuss.com
Öffnungszeiten täglich 11–19 Uhr

2 Burkardt Untere Straße 27

Ein paar Schritte weiter in der Unteren Straße findet man das Café Burkardt, eine Heidelberger Institution, die für viele Generationen von Studenten *der* Treffpunkt war. Vor zwei Jahren haben neue Pächter das historische Café als Teil der Friedrich-Ebert-Gedenkstätte im Geburtshaus des ersten Präsidenten der Weimarer Republik übernommen und Modernisierungsmaßnahmen durchgeführt. Die Patina, das dunkle Holz, die gemütlichen Raumnischen und die Spitzendeckchen blieben jedoch erhalten.

Kaffee und Kuchen: Angeboten werden einige Kuchen, die von außerhalb bezogen werden. Kaffeespezialitäten, größere Trinkschokoladen- und Teeauswahl.

☕ Größere Frühstückskarte und wöchentlich wechselnder Mittagstisch. Daneben Salate, Pasta und Fleischgerichte.

☕ An heißen Tagen bietet sich ein Plätzchen im ruhigen Innenhof an. Von hier aus auch Zugang zum Museum und zur elterlichen Wohnung von Friedrich Ebert.

Publikum: Da das Burkardt in vielen Reiseführern erwähnt ist, finden sich hier zahlreiche Touristen, daneben aber auch viele Stammgäste.

Café-Weinstube Burkardt (Ramona Eybe, Ralf Doucha)
Untere Straße 27 [*Altstadt*]
69117 Heidelberg

Tel. 0 62 21 / 16 66 20, www.cafeburkardt.com

Öffnungszeiten	Di bis Sa 9–23 Uhr, So 9–18 Uhr Montag Ruhetag
Plätze	Innen ca. 40 Sitzplätze, im Innenhof ca. 30 Plätze und 12 Plätze vor dem Haus
Preisniveau	mittel
Das Besondere	Altes Traditionscafé in historischem Gebäude- komplex
Draußensitzen	🌴 🌴

3 Gundel Hauptstraße 212

Die Bäckerei Gundel zählt zu den ältesten handwerklichen Backbetrieben in Heidelberg. Seit 1766 ist das Backrecht für dieses Haus verbrieft. In der Fussgängerzone nahe beim Kornmarkt gelegen und in einem Haus aus der ersten Hälfte des 18. Jahrhunderts untergebracht, bietet das Gundel von seinen Außenplätzen seinen Gästen einen freien Blick auf das Schloss. Das Traditionshaus ist seit 1899 in Familienbesitz und wird in vierter Generation von Christian Gundel geführt. Heute verbinden sich in dieser Adresse gutes Back- und Konditoreihandwerk mit einem modernen Kaffeehausbetrieb, der auch Anziehungspunkt für Touristen ist.

Kuchen und Torten: Größere Auswahl an Sahne- und Cremetorten, daneben Obst- und Baiserkuchen. Eine der Hausspezialitäten ist die *Heidelberger Kurfürstenkugel* (vorher *Heidelberger Schlossbergkugel*), eine Kreation aus feinem Biskuit, gefüllt mit Nougatcreme und umhüllt von Marzipan und Schokolade.

☕ Empfehlenswert ist das handgefertigte Weihnachtsgebäck. Unter den 25 Sorten sind vor allem die *Barockspringerle* zu erwähnen, die nach Originalmodellen aus der Barockzeit (1650) hergestellt werden. Springerle sind Anisplätzchen aus Eierschaumteig, ein traditionelles Bildgebäck, das heute in Süddeutschland, dem Elsass, der Schweiz, in Teilen von Österreich und in Ungarn als Weihnachtsgebäck bekannt ist.

- Großes und qualitativ gutes Brotangebot: Täglich an die 30 Brot- und Brötchensorten, aus naturbelassenen Teigen geformt und im Steinofen gebacken.

Außerdem: Frühstückskarte, kleine Gerichte, darunter verschiedene Quiches und Sandwichspezialitäten, Eiskarte.

- Routinierter Service.

- Zur Lektüre liegen täglich verschiedene Tageszeitungen und Zeitschriften aus.

Filiale am Uniplatz Der kleine Gundel,
Bäckerei und Stehcafé, Grabengasse 6,
Tel. 0 62 21 / 16 76 86
Öffnungszeiten: Mo bis Fr 7–19 Uhr, Sa 7–15 Uhr

Heidelberger Kurfürstenkugel

Café Konditorei Bäckerei Gundel (Christian Gundel)
Hauptstraße 212 [*Altstadt*] – Hauptgeschäft und Café
69117 Heidelberg

Telefon 0 62 21 / 2 06 61, www.gundel-heidelberg.de

Öffnungszeiten

Café   Di bis Fr 8.30–18.30 Uhr, Sa & So 8–18 Uhr,
                   Montag Ruhetag

Ladengeschäft   Di bis Fr 6–19 Uhr, Sa 6–18 Uhr, So 7–18 Uhr,
                   Montag geschlossen

Plätze   Innen 80 bis 100 Sitzplätze, circa 60 Außenplätze

Preisniveau   mittel

Das Besondere   Helles Tagescafé mit Blick aufs Schloss

Stil & Stimmung   Touristisch-modern

Draußensitzen   🌴🌴

4 Schafheutle Hauptstraße 94

Mitten in der Heidelberger Fußgängerzone gelegenes, großzügiges Tagescafé mit mehreren Gasträumen und idyllischem Garten. Die Ursprünge des Kaffeehauses gehen auf das Jahr 1832 zurück, in dem Konditormeister M. C. Krall den Grundstein für das Traditionscafé legte. Es blieb zunächst für drei Generationen im Besitz dieser Familie, bis es 1933 von Konditormeister Otto Schafheutle übernommen und umfassend umgebaut wurde. Unter dem Namen *Theater-Café-Schafheutle* wurde der Betrieb dann neu eröffnet. In den Jahren vor und nach dem 2. Weltkrieg war das Schafheutle beliebter Treffpunkt der Besucher und Künstler des Heidelberger Stadttheaters. Verschiedene Umbau- und Erweiterungsmaßnahmen folgten. Unter anderem wurde 1956 das Café durch einen zweiten Gastraum erweitert und eine Gartenanlage angelegt – das *Garten-Café-Schafheutle* war entstanden. Ende der 70er Jahre erfolgte eine völlige Neugestaltung, die dem Café seit heutiges Aussehen gab. 1995 wurde der Wintergarten als weiterer Caféraum eröffnet. Seit 2002 führt Martina Schafheutle-Kübel das Haus in der dritten Generation.

Kuchen und Torten: Großes Kuchen- und Tortenangebot von sehr guter Qualität und in feiner Machart nach bestem deutschen Kon-

ditorenhandwerk. Zum Teil raffinierte Kreationen und eigenwillige Interpretationen von Kuchenklassikern wie z. B. der *Schwarzwälder Kirschtorte*, die hier nicht mit Sahne, sondern mit einer leichten Buttercreme angeboten wird.

Außerdem: Sehr großes und gutes Confiserieangebot – an die 40 Sorten Pralinen – und hausgemachtes Eis.

- Frühstückskarte, kleine kalte und warme Gerichte, darunter pikante Kuchen wie etwa die Spinattörtchen oder die Tomaten-Feta-Torte, die heiß serviert werden.
- Größere Kaffee, Tee- und Trinkschokoladenauswahl, z. T. Fairtrade Bioprodukte.

- Trotz starker Frequentierung angenehme Atmosphäre und flotter Service in Schwarz-Weiß mit weißem Schürzchen.

- Mehrere Tageszeitungen und andere Lektüren liegen aus.

Publikum: Anzutreffen sind viele Senioren und ältere Damen, die sich zum Kaffeekränzchen treffen, aber auch Geschäftsleute, junge Familien und viele Heidelberg-Besucher.

☕ Das Gastromagazin *Der Feinschmecker* wählte das Café Schafheutle im Jahr 2005 zu den 250 besten Kaffeehäusern in Deutschland. Das Schafheutle ist Mitglied im *Circle de Qualité*, einer Vereinigung führender Conditorei-Cafés im süddeutschen Raum.

Café Schafheutle (Martina Schafheutle-Kübel)
Hauptstraße 94 [*Altstadt*]
69117 Heidelberg

Telefon 0 62 21 / 1 46 80, www.cafe-schafheutle.de

Öffnungszeiten	Mo bis Freitag 9–18.30 Uhr, Sa 9–18 Uhr im Sommer bis 19 Uhr, Sonn- und Feiertage geschlossen
Plätze	Hauptraum 140, Nebenraum 64, im Wintergarten bzw. Garten und auf der Straße vor dem Haus 160 Plätze
Preisniveau	gehoben
Das Besondere	Hervorragende Konditorenkuchen in grüner Gartenidylle abseits vom Innenstadttrubel
Stil & Stimmung	Traditionell-gediegene Kaffeehausatmosphäre
Draußensitzen	

5 Tiefburg Steubenstraße 78

In Handschuhsheim direkt gegenüber der Tiefburg liegt das gleichnamige Café, das seit 22 Jahren von Christian Kalkhof, einem Konditormeister der alten Schule, betrieben wird. Kalkhof setzt auf traditionelle Herstellungsverfahren und verzichtet, nach eigenem Bekunden, ganz auf Fertigteig und Dosenfrüchte. Eine Ausnahme stellt das Tiefburg auch insofern dar, als es auf das im heutigen Cafébetrieb übliche Angebot an pikanten Gerichten und auf einen Mittagstisch verzichtet. Auch das Frühstücksangebot besteht nur aus zwei einfachen Varianten. Die Stärke des Cafés liegt ganz eindeutig in der Kuchentheke, für die Kuchen- und Tortenfans auch immer wieder größere Wege auf sich nehmen.

Kuchen und Torten: Qualitativ exzellentes Kuchen- und Tortenangebot. Es gibt jede Woche eine andere Hausspezialität, zum Beispiel die *Schneewittchentorte*. Sie besteht aus mehreren dünnen Mandel-Schoko-Biskuitböden, die mit einer herrlich fruchtigen Himbeerbuttercreme gefüllt sind. Den Abschluss bildet ein Himbeerspiegel aus pürierten Beeren. Oder die *Lebkuchensahne*, eine Komposition aus zartem dunklem Biskuit und herrlich lockerer, mit Lebkuchenstückchen durchsetzter Sahne. Die Torten sind nicht zu mächtig, selbst die Buttercremetorten kommen leicht daher.

Eine weitere Spezialität des Hauses sind die in den Wintermonaten angebotenen Lebkuchen, darunter die *Liegnitzer Bomben*, eine Pfefferkuchenspezialität aus der niederschlesischen Stadt Liegnitz, die bei Kalkhof aufgrund der jüngeren weltpolitischen Entwicklung des Terrorismus nicht *Bomben*, sondern *Röllchen* heißen. Für diese wird der Teig bereits im Sommer angesetzt; so kann er bis zur Verarbeitung im Spätjahr reifen.

Unter dem Weihnachtsgebäck finden sich auch *Springerle*, ein traditionelles Bildgebäck aus Eierschaumteig, das heute unter anderem in Süddeutschland, dem Elsass und der Schweiz als Weihnachtsgebäck bekannt ist. Bei Kalkhof werden sie mit einem eigenen Model hergestellt, das das Handschuhsheimer Wappen, ein paar Handschuhe, zeigt.

Außerdem: Großes Pralinen- und Trüffelangebot. Im Sommer hausgemachtes Konditoreneis.

Café Tiefburg (Christian Kalkhof)
Steubenstraße 78 [*Handschuhsheim*]
69121 Heidelberg

Telefon 0 62 21 / 40 10 80, www.cafe-tiefburg.de

Öffnungszeiten	Di bis Fr 10–18 Uhr, Sa 9–18 Uhr, Sonn- und Feiertage 10–18 Uhr, Montag Ruhetag Betriebsferien 2 Wochen im August und zwischen Weihnachten und Hl. Drei Könige
Plätze	Innen circa 30 Sitzplätze, auf der Straßenterrasse vor dem Haus 16 Plätze
Preisniveau	mittel bis gehoben
Das Besondere	Hervorragende Kuchen und Torten – auch zum Mitnehmen
Stil & Stimmung	Nüchtern-verspielte Inneneinrichtung in Orange-Rot
Draußensitzen	

6 Rossi Rohrbacher Straße 4

Das Rossi am Bismarckplatz lockt mit Kaffeehausatmosphäre, täglich wechselndem Lunch, Sonntagsbrunch mit Kinderbetreuung und Dinner am Abend. Der Allrounder hat auch einen schönen Garten anzubieten, der in der Hektik des Bismarckplatzes eine Ruheoase darstellt. An der Bar gibt sich das Café Rossi dann italienisch: Alle Kaffeespezialitäten wie *Espresso, Cappuccino, Latte macchiato* usw. werden, wenn direkt an der Bar oder an einem der dort aufgestellten Stehtischchen genossen, unter 1 € angeboten. Eine in der Innenstadt seltene Gelegenheit, sich so kostengünstig mit einem „Kleinen" im Stehen zu regenieren. Und nach italienischer Sitte gibt es ein Glas Wasser noch dazu.

Cafe Rossi (Daniel Haas)
Rohrbacher Straße 4 [*Bergheim*]
69115 Heidelberg

Telefon 0 62 21 / 9 74 60, www.caferossi.de

Öffnungszeiten: Mo bis Sa 8–1 Uhr, So 10–0 Uhr

7 Casa del Caffè Steingasse 8

Seit über 16 Jahren betreibt Rudolf Miltner das „Casa". Inzwischen hat er zwei weitere *Locations* in der Bergheimer Straße eröffnet. Aber mit Miltner wird man wohl immer in erster Linie das „Casa" in Verbindung bringen. Bis heute unverändert ist die mediterrane Einrichtung des langen, schmalen Raumes, der auf die Steingasse hinausgeht. Stammgäste treffen sich hier, aber auch Touristen und Berufstätige. In der kalten Jahreszeit sitzt man gemütlich am Holztresen oder an den hohen Tischen mit Hockern, im Sommer stehen ein paar Tischchen vor dem Haus.

Kuchen und Gebäck: Jedes Wochenende gibt es eine Auswahl an sechs bis acht hausgemachten Kuchen, darunter Obst- und Käsekuchen, aber keine Torten. Die *Cantuccini*, ein italienisches Mandelgebäck, die immer im Angebot sind, backt ein Freund. Diverse *Cornetti* runden das süße Angebot ab.

Die aromatischen Kaffeekreationen werden mit Kaffee von Illy zubereitet. Der Espresso hat eine herrliche Crema, der Cappuccino besticht mit einer festen Milchschaumhaube. Neben den kalten und warmen Kaffeespezialitäten, die auch koffeinfrei zu haben sind, gibt es eine kleine Teeauswahl, darunter frischer Nanaminztee. Erfreulich: Zu den Getränken gibt es auch braunen Zucker.

☕ Unter den kalten Getränken finden sich acht *Sirop-à-l'eau*-Varianten, Wein, Bier und Sekt. In einer Café-Bar im italienischen Stil dürfen natürlich auch diverse Aperitifs und Digestifs, Longdrinks und Cocktails nicht fehlen.

☕ Für den kleinen Hunger gibt es geröstete und belegte *Ciabatte* (mit Brennesselkäse und Tomate, mit Parmaschinken und Parmesan oder mit Ziegenkäse und Tomate) und herzhafte *Tramezzini*, italienische Sandwichvarianten.

Außerdem: An Samstagen und Sonntagen kann man hier auch frühstücken.

☕ Zur Lektüre liegen verschiedene Tageszeitungen, Zeitschriften und Bücher aus.

Casa del Caffè (Rudolf Miltner)
Caffè & Bar
Steingasse 8 [*Altstadt*]
69117 Heidelberg

Telefon 0 62 21 / 2 99 69, www.casa-del-caffee.de

Öffnungszeiten	Mo bis Do 7–1 Uhr, Fr und Sa 7–3 Uhr, So 8–1 Uhr
Plätze	11 Stehtische mit Barhockern innen, 12 Plätze vor dem Haus

Gutes Preis-Leistungsverhältnis

Das Besondere	Gleichbleibende Qualität mit mediterranem Flair
Stil & Stimmung	Italophile Wohlfühlatmosphäre
Draußensitzen	🌴 bis 🌴 🌴

8 Moro Hauptstraße 160

Mitten in der Fußgängerzone gelegene, im Kolonialstil möblierte Café-Bar, die sich vor mehr als 10 Jahren mit Erfolg hier etablierte. Mit seiner Vielfalt an Kaffeespezialitäten hebt sich das Moro, das im Übrigen mit dem gleichnamigen Café in der Brückenkopfstraße nicht verwandt ist, von der Masse der Coffee-To-Go-Ketten ab. Gleich, ob man das Moro kultig, retro oder nostalgisch empfindet: Mit seinem guten Kaffee- und Kuchenangebot ist es auf jeden Fall ansprechend und an warmen Tagen ein attraktiver Freisitz zum Beobachten des vorüberpilgernden Straßenvolkes.

Kuchenangebot: Größeres Kuchenangebot, das von der renommierten Heidelberger Bäckerei Göbes (siehe auch S. 56) bezogen wird. Damit ist über die Qualität der Kuchen auch schon alles gesagt! Neben dem berühmten Käsekuchen von Göbes gibt es Klassiker wie *Apfelkuchen*, *Sachertorte*, *Himbeerkuchen* und *Schwarzwälder Kirschtorte*, aber auch herrliche Croissants und Muffins.

- ☕ Außerdem frisch belegte Sandwiches.
- ☕ Guter Espresso, in einem netten Tässchen serviert, als *Rapido* an der Bar für 1,10 €. Dazu gibt es nicht nur weißen, sondern auch braunen Rohrzucker zur Auswahl!

Außerdem: Größeres Angebot an Tee und Trinkschokoladen. Diese können, wie auch die verschiedenen Kaffeesorten, als Bohnen oder gemahlen, mitgenommen werden. Weiter im Angebot sind Pralinen sowie Espressotassen und andere Accessoires zur Kaffeezubereitung.

Moro Caffé Heidelberg (M. Taha)
Hauptstraße 160 [*Altstadt*]
69117 Heidelberg

Telefon 0 62 21 / 2 81 92, www.moro-cafe.de

Öffnungszeiten	Mo bis Do und So 9–20 Uhr, Fr und Sa 9–23 Uhr
Plätze	Innen 30 Plätze an Stehtischen, vor dem Haus in der Fußgängerzone 18 Plätze
Preisniveau	mittel
Das Besondere	Attraktive Café-Bar in der Fußgängerzone
Stil & Stimmung	Trendy
Draußensitzen	

9 La Fée Untere Straße 29

Am 16.12.2010 ohne großes Tamtam in der Unteren Straße eröffnete Café-Bar, die mehr auf ihr Konzept als auf Werbung setzt. Am Tag ein gemütliches und doch stylisch eingerichtetes Café, das auf Stilelemente der 20er und 30er Jahre zurückgreift. Am Abend eine trendige Bar, die laut ihrem Betreiber manch spannende Veranstaltung bereithält. Behnam Firusmand kommt aus Berlin, ist kein gelernter Gastronom, sondern Filmemacher. Dem geschmackvollen Interieur sieht man den passionierten Filmemacher an. Ein betagter 35mm-Filmprojektor von 1918 ist eine Reminiszenz an die cineastische Leidenschaft des Cafébetreibers. In seinem Heidelberger Café möchte er Live-Konzerte, Dichterlesungen, Weinverkostungen und – als Hommage an seinen Beruf – Filmabende veranstalten, die seine Gäste für das Erlebnis Film begeistern sollen. Über die aktuellen Veranstaltungen kann man sich über Facebook informieren.

Kuchenangebot: Täglich drei verschiedene (jeweils halbe) Kuchen der bewährten Adresse Blum Coffee Bar in Mannheim (siehe S. 70). Als Beispiel wären da die hervorragenden *Beerentartes* mit zartem Mürbeteigboden und herrlich frischem Fruchtbelag zu nennen. Daneben gibt es einige hausgemachte Kuchen und *Cantuccini*, ein italienisches Mandelgebäck, das nach eigenem Rezept gebacken wird.

☕ Für den herzhaften Hunger gibt es hausgemachte Quiches und eine Käseplatte mit frischem Weißbrot.

Der Kaffee wird von einer kleinen Schweizer Rösterei bezogen. Die Spezialität auf der Kaffeekarte ist jedoch nicht der Espresso, sondern der *Galão*, die portugiesische Milchkaffee-Variante, die wie die italienische Version im Glas serviert wird.

☕ Ebenfalls empfehlenswert ist der *Thé de La Fée*, ein hausgemachter Mix aus Grenadine, Limette, frischer Minze und braunem Kandis, als Eistee oder heiß zu haben.

Die Hausspezialität:
Der Thé de La Fée

☕ Für Internetsüchtige und Workaholics: Das La Fee bietet WLAN for free an.

La Fée – Bar Café Heidelberg (Behnam Firusmand)
Untere Straße 29 [*Altstadt*]
69117 Heidelberg

Telefon 0 62 21 / 7 19 81 74, www.lafee-heidelberg.com

Öffnungszeiten	Mo bis Do 11–2 Uhr, Fr und Sa 11–3 Uhr, So 11–20 Uhr
Plätze	Innen 40, vor dem Haus in der Unteren Straße 15
Preisniveau	für Kaffee mittel, im Kuchenbereich gehoben
Das Besondere	Cineastisches Ambiente
Stil & Stimmung	Geschmackvoll-gepflegt
Draußensitzen	🌴 bis 🌴🌴

10 Florian Steiner Lutherstraße 28

Dass Kaffee heute zu einem Stück Lifestyle geworden ist, sieht man an der großen Zahl von Kaffeeröstereien, die in den letzten Jahren aus dem Boden geschossen sind. Zu diesen gehört auch Florian Steiners Kaffeerösterei in Neuenheim. Selbstverständlich röstet auch er seine Bohnen in Langzeitröstung. Dadurch werden die im Kaffee enthaltenen Säuren und Reizstoffe schonend abgebaut. Zugleich haben die Aromen des Kaffees die Möglichkeit, sich besser zu entfalten. Steiner versteht etwas vom Rösten: 2009 wurde er als Deutscher Röstmeiser ausgezeichnet. Sein Kaffee ist biozertifiziert. Führende Naturkostläden bieten seine sortenreinen Kaffees und Röstmischungen an.

Da Steiner gelernter Sommelier ist, wundert es nicht, wenn er Vergleiche zum Wein zieht. Laut Steiner muss ein guter Espresso ausgewogen sein und Körper und Abgang haben. Doch auch die perfekte Zubereitung gehört dazu. Die Verwendung von entkalktem Wasser und die Temperatur sind ebenso wichtig wie der Andruck des Kaffeemehls und das Aufschäumen der Milch, die höchstens 65 °C heiß werden darf, damit sich ihr Geschmack nicht verändert. Steiner bietet auch Barista-Crashkurse an, bei denen man lernt, Espresso und Cappuccino richtig zuzubereiten.

Sein Café in Neuenheim eröffnete er 2008 in einem denkmalgeschütztes Backsteinhaus. Hier sitzt man unter vier Meter hohen Decken mit Stuckverzierungen unter bunten venezianischen Leuchtern zwischen viel Holz und orange-lilafarbigen Wänden auf Sitzen, deren Rückenlehnen Kaffeebohnen imitieren.

Kuchenangebot: Täglich gibt es eine kleinere, am Wochenende größere Auswahl an exzellenten Kuchen der Confiserie Freundt und von Blum Coffee Bar, beide in Mannheim (siehe S. 86 und S. 70). Die Kuchen und Torten werden appetitlich unter Glasglocken präsentiert.

Die Kaffeekarte umfasst eine Auswahl italienischer und Wiener Kaffeespezialiäten (*Melange, Kapuziner, Überstürzter Neumann, Obermayer ...*), kalte Kaffeespezialitäten (*Geeister Cappuccino, Affogato,* eine Kugel Eis im Glas, übergossen mit Espresso) und Kaffeespezialitäten mit Alkohol. Daneben gibt es heiße Schokolade und eine kleine Teeauswahl.

Die angebotenen Kaffeespezialitäten sind hervorragend in Geschmack und Aroma und werden baristamäßig serviert. Sehr zu empfehlen ist auch der *Caffè Mocha*, ein mit Schokoladenpulver, Milch und Milchschaum zubereiteter Espresso.

☕ Verschiedene Kaffeesorten zum Mitnehmen; im Kaffeeverkauf sind vier Sorten, zwei davon bio.

☕ Guter Service, aufmerksam, fachkundig und kompetent.

☕ Es stehen diverse Tageszeitungen und andere Lektüren zur Verfügung.

Außerdem: Ab 17 Uhr gibt es eine kleine Abendkarte. Serviert werden ausgesuchte Weine, die auch außer Haus verkauft werden, sowie Tapas, Antipasti, Bündner Fleisch, Käse und andere schmackhafte Kleinigkeiten.

FLORIAN STEINER
kaffee und wein

Espresso	Kaffee	Preise
◦ Zoe Bio	◦ Steiners Cafe Creme	250g € 7,90
◦ Enzo	◦ Sidamo Bio	500g € 13,90
◦ Marie Bio	◦ Guatemala Bio	1000g € 26,40
◦ Yirgacheffe Bio		
◦ Sidamo Bio entkoff.		

Wir bieten Barista Crashkurse und Kaffee Catering an

Florian Steiner Kaffee (Florian Steiner)
Lutherstraße 28 [*Neuenheim*]
69120 Heidelberg

Telefon 0 62 21 / 6 50 82 33, www.floriansteiner.com

Öffnungszeiten	Mo, Di, Mi und Sa 8–18.30 Uhr, Do und Fr 8–24 Uhr, Sonntag 11–18.30 Uhr, Feiertage geschlossen
Plätze	Circa 32 im Café, einige Tische auf dem Bürgersteig vor dem Café
Preisniveau	für Getränke mittel, im Kuchenbereich gehoben
Das Besondere	Herausragende Kaffeequalität und sehr gute Kuchen
Stil & Stimmung	Leger-kultivierte Stadtteilatmosphäre
Draußensitzen	

11 Schiller's Heiliggeiststraße 5

Die Kuchenadresse für Allergiker (Zöliakie und Laktoseintoleranz). Das kleine, im Jahr 2006 eröffnete Café ist in einem 300 Jahre alten Fachwerkhaus nahe dem trubeligen Marktplatz untergebracht. Trotz der zentralen Lage ist es eine kleine Oase der Ruhe. Vom Eingangsbereich, in dem auch der Außerhausverkauf abgewickelt wird, führen ein paar Stufen zum rückwärtig liegenden Raum, in dem man gemütlich zwischen gut gefüllten Weinregalen auf Holzmöbeln sitzt. Das Schiller's hat sich inzwischen mit seinen hausgemachten gluten- und laktosefreien Kuchen einen Namen gemacht. Zusätzlich gibt es hier auch biologisch angebaute Produkte für Allergiker wie Kochbananenmehl oder Grieß, ferner über 60 Sorten Trinkschokolade und Weine aus der Pfalz, Frankreich und Spanien zu kaufen.

Kuchen: Täglich sind fünf verschiedene glutenfreie und zum Teil auch laktosefreie Kuchen im Angebot. Auf die Verwendung von Haselnüssen und Walnüssen, auf die viele Lebensmittelallergiker reagieren, wird ebenfalls verzichtet. Die Auswahl reicht von glutenfreien Obst-, über Käsekuchen bis zum Schokoladenkuchen. Zwei Torten (z. B. *Mousse-au-chocolat-Torte*) werden hinzugekauft. Die Kuchen werden beim Eingang auf einer Anrichte angeboten – schön wäre es, wenn die Kuchen mit einer Kuchenhaube abgedeckt wären.

Außerdem: Täglich im Angebot sind zwei hausgemachte herzhafte Quiches, ebenfalls gluten- und laktosefrei.

 Laktosefreie Milch zum Kaffee auf Anfrage.

 Auch möglich: Einen ganzen Kuchen oder eine Quiche auf Vorbestellung mitzunehmen.

 Glutenfreies Frühstück an den Wochenden. Reservieren ist sinnvoll.

Schiller's (Bettina Benstz-Berndt)
Cafe & Vinothek
Heiliggeiststraße 5 [*Altstadt*]
69117 Heidelberg

Telefon 01 75 / 4 02 84 56

Öffnungszeiten	Täglich ab 10 Uhr
Plätze	Innen circa 30 Plätze, 14 Plätze vor und neben dem Haus
Preisniveau	günstig
Das Besondere	Gluten- und laktosefreie Kuchen und Quiches für Allergiker
Stil & Stimmung	Leger-rustikal
Draußensitzen	

12 red Poststraße 42

Die Kuchenadresse für Vegetarier und Liebhaber der gesunden Küche. *„Das Leben ist zu kurz, um schlecht zu essen und zu trinken"*, so das Pfälzer Ehepaar Sickler auf ihrer Homepage. *„Genussvoll, frisch und gesund muss es sein."* Das red ist vegetarisch. Hell und klar in Linie und Struktur präsentiert sich der Gastraum des 2010 eröffneten Lokals mit seinem großen Selbstbedienungsbüffet. Dass vegetarische Küche nicht langweilig sein muss, zeigt sich nicht nur in den zum Teil mediterran angehauchten Speisen des Büffets, sondern auch im Kuchenangebot, für das eigens eine Konditorin eingestellt wurde. Nicht nur am Büffet ist Selbstbedienung angesagt, auch die Kuchen sucht man an der Kuchenvitrine aus und nimmt sie mit an den Tisch. Eine empfehlenswerte Adresse auch für Familien mit kleinen Kindern.

Kuchen und Torten: Im Angebot sind täglich circa vier bis sechs Kuchen und Torten, bei deren Zubereitung völlig auf Gelatine oder andere tierische Produkte verzichtet wird. Aber Achtung: Nicht alle Kuchen sind laktose- und glutenfrei! – Geschmacklich sind die Kuchen durchaus gelungen. Hervorragend z. B. ist die *Schokoladenmousse Tarte* aus einem Schokomürbeteig, gefüllt mit einer feinen Moussemasse und gewürzt mit einem Hauch von Lavendelblüten. Auch die *Rieslingsahne* mit Äpfeln und Zimt überzeugt. Und die *Orangentarte*, ein Mürbeteigkuchen mit Schmand und Orangenfilets ist ebenfalls zu empfehlen. Im Angebot ist mitunter auch ein veganer Kuchen.

☕ Im Red serviert man den guten Kaffee von Florian Steiner (siehe S. 44).

---

red – die grüne Küche (Hans-Jürgen Sickler)
Poststraße 42 [*Bergheim*]
69115 Heidelberg

Telefon 0 62 21 / 9 14 52 06, www.red-diegruenekueche.com

Öffnungszeiten	Mo 11.30–20 Uhr, Di bis Sa 11.30–22 Uhr Sonn- und Feiertage geschlossen
Plätze	Innen circa 80 Plätze, neben bzw. vor dem Haus circa 50 Sitzplätze
Preisniveau	mittel
Das Besondere	Vegetarisches Kuchen- und Speiseangebot
Stil & Stimmung	Kühl-funktionales Interieur
Draußensitzen	

13 Walnuss Grenzhof 5

An dem 300 Jahre alten, im fränkischen Bauernstil erbauten und denkmalgeschützen Haus in Heidelberg-Grenzhof wurden vor fünf Jahren aufwändige Renovierungs- und Umgestaltungsarbeiten vorgenommen. Ein Teil des historischen Hofgebäudes, die alte Schnapsbrennerei und der Getreidespeicher, wurden zu einem Café und einem Gästehaus umgebaut. Ein großer Walnussbaum direkt am Wintergarten gab dem Café seinen Namen. Der landwirtschaftliche Betrieb befindet sich nun in dritter Generation im Besitz der Familie Wörn. Karin Wörn, Meisterin der ländlichen Hauswirtschaft, macht die Torten selbst, ihre Mutter backt die Kuchen und das Brot.

Kuchen und Torten: Im Angebot sind täglich vier verschiedene hausgemachte Torten und acht Kuchen. Am Sonntag sind es mehr, darunter Buttercremetorten (z. B. *Walnuss-Buttercreme*) und Klassiker wie *Schwarzwälder Kirschtorte*, daneben Saisonkuchen wie *Rhabarber-Baiser* oder *Kirschplotzer*. Die gebackenen Kuchen schmecken gut, bei den Sahnetorten wäre etwas weniger Gelatine von Vorteil.

Außerdem: Kleine Vesperkarte mit Schinken- und Käsebrot, Wurstsalat und Flammkuchen oder auch mal ein Quarkbrot mit frischem Schnittlauch.

☕ Kaffeespezialitäten auch mit laktosefreier Milch möglich.

☕ Reger Außerhausverkauf. Für besonders begehrte Saisonkuchen kann es auch einmal zugunsten der Cafégäste eine Außerhausverkaufssperre geben.

☕ Publikum: Viele ältere Damen, die sich hier zum Kaffeekränzchen treffen und Familien mit Kindern, für die es im Hof einen größeren Spielplatz gibt.

Auch den kleinen Gästen schmeckt es hier

Landcafé – Gästehaus Walnuss (Karin Wörn)
Grenzhof 5
69123 Heidelberg

Telefon 0 62 02 / 1 28 56 72, www.walnuss-grenzhof.de

Öffnungszeiten	Freitag und Samstag 14–18 Uhr, Sonn- und Feiertage 11–18 Uhr
Plätze	Innen circa 50, im Hof circa 50 Plätze
Preisniveau	günstig
Das Besondere	Freundliches Hofcafé mit engagierten Betreibern
Stil & Stimmung	Hell und kinderfreundlich
Draußensitzen	🌴🌴

14 Kaufadresse Göbes

Den besten *Käsekuchen* weit und breit, so heißt es in Heidelberg, gibt es bei Göbes! Der *Käsekuchen mit Mandeldecke* besticht mit einem hervorragend dünnen Mürbeteigboden, einer geschmacklich exquisiten Käsemasse ohne jeglichen Zusatz von künstlichen Aromen und mit einer optimalen Textur zwischen cremig und mürb. Sehr zu empfehlen ist auch der *Hefe-Nusszopf* der familiengeführten, traditionell handwerklich arbeitenden Bäckerei. Die Nussfüllung ist saftig und aromatisch, der Hefeteig feinporig und locker zugleich, zarte Lagen von Füllung und Hefeteig wechseln sich ab. Der Nusszopf hält sich gut ein paar Tage frisch, und beim Kauf bekommt man die optimale Tüte zur Aufbewahrung gleich noch dazu.

Bäckerei Göbes (Andreas Göbes)
Hauptgeschäft
Plöck 34 [*Altstadt*]
69117 Heidelberg

Filiale: Sofie
Sofienstraße 19 [*Altstadt*]
69117 Heidelberg

Telefon 0 62 21 / 60 33 31, www.nusszopf.de

Öffnungszeiten
Hauptgeschäft   Di bis Fr 6–18.30 Uhr, Sa 6–16 Uhr,
Sonntag und Montag geschlossen

Sofie   Di bis Fr 8–19 Uhr, Sa 8–18 Uhr,
Sonntag und Montag geschlossen

15 Kaufadresse Chocami

Im Oktober 2010 hat die gebürtigen Leimenerin Isabelle Wagner ihre kleine, aber feine Chocolaterie und Pâtisserie im Herzen der Heidelberger Altstadt eröffnet. Dort bietet sie Tartes, Petits-Fours sowie Gläserdesserts an. Unschlagbar sind ihre *Moussetörtchen*, kleine Kunstwerke, die optisch wie geschmacklich überzeugen. Zum Beispiel das Moussetörtchen mit weißer Schokolade, Tonkabohne und Sauerkirschen. Oder das Törtchen aus Schokoladenmousse auf Kaffee-Karamell-Crème-brûlée und Kaffeebiskuit, das Törtchen aus Himbeeren auf Vanillemousse und zartem Mandelbiskuit oder die Lichimousse auf Mandarinengelee und Kokosdaquoise ... Die natürlichen Aromen verbinden sich ihnen harmonisch, auch die Süße drängt sich nicht unangenehm auf.

Ebenfalls empfehlenswert ist das Pralinenangebot, das 20 verschiedene Sorten feinster Pralinen und Trüffel umfasst. Der Clou ist das Pralinen-Abo (*Pralinement*): Alle 4 Wochen gibt es eine Lieferung einer Pralinenauswahl. Das kleines Abo (*Pralinement Petit*) beinhaltet 12 Pralinen im Monat, das großes Abo (*Pralinement Grand*) 24 Pralinen. Als Abolaufzeit können 3 Monate, 6, 9 oder 12 Monate vereinbart werden.

In der warmen Jahreszeit gibt es hervorragendes hausgemachtes Eis in einer kleinen Auswahl, z. B. Mango-Passionsfrucht, Piemonteser Haselnuss oder Vanille-Tonkabohne. Auch hier ist die Süße

zugunsten einer vollen Aromaentfaltung der Zutaten zurückge-
nommen. Daneben gibt es noch Trinkschokoladen, Teegebäck und
Marmeladen, die ebenfalls in der Produktionsstätte in Schwetzingen hergestellt werden. Gearbeitet wird ausschließlich mit Schokolade von Valrhona, der Edelmarke unter den Schokoladeherstellern.
Außerdem werden nur frische Fruchtpürees und frische Gewürze
verwendet, auf künstliche Zusatz- und Konservierungsstoffe wird
ganz verzichtet. Ein Teil der Produke ist diabetiker- und allergiker-
geeignet.

Das Ladengeschäft ist winzig. Leider gibt es auch keine Möglichkeit, all die Köstlichkeiten auf einem Sitzplatz im Freien vor dem
Haus zu genießen.

Chocami (Isabelle Wagner)
Chocolaterie & Pâtisserie
Kettengasse 2 [Altstadt]
69117 Heidelberg

Telefon 0 62 21 / 7 19 78 35, www.chocami.de, www.pralinement.de

Öffnungszeiten   Mo bis Sa 10–18.30 Uhr,
                  an den Adventssonntagen ebenfalls geöffnet

Preisniveau   gehoben

16 Kaufadresse Chocolaterie St. Anna No. 1

Mit dem kleinen Laden, den sie vor sechs Jahren in der Heidelberger Altstadt in der Nähe des Bismarckplatzes eröffnete, hat sich Giuseppina Ehmann einen Traum erfüllt. In der kleinen Schokoladen-Bar mit ihren dunkelroten Wänden, der alten Registrierkasse und der detailverliebten Einrichtung erfährt die Kakaobohne ihre Verklärung. *„Rettet die Erde, sie ist der einzige Planet mit Schokolade"*, steht zum Beispiel in goldenen Lettern auf einer Wand ihres Ladens, in dem sie ein exquisites Sortiment an Schokoladenspezialitäten anbietet. Einen Teil der Tafelschokoladen und Pralinen kreiert die gebürtige Italienerin selbst, der andere stammt von internationalen Chocolatiers.

Die Besitzerin bietet auch einen vorzüglichen Cappuccino oder Espresso an, den man entweder an einem der beiden Stehtischchen im Laden oder auf einem der wenigen Plätze draußen auf der Fensterbank genießen oder sogar mitnehmen kann. Ein Tipp: Die heiße Trinkschokolade, weiß oder dunkel, immer frisch zubereitet, ist nicht nur im Winter ein Genuss.

Sehr gut ist auch das hausgemachte Eis. Im Sommer gibt es jeden Tag sechs verschiedene Sorten, darunter Klassiker wie Vanille-, Schokoladen- und Nusseis, aber auch ausgefallene Kreationen wie dunkles Schokoladeneis mit Chili oder weißes Schokoladeneis mit schwarzen Oliven.

Chocolaterie St. Anna No. 1 (Giuseppina und Wilhelm Ehmann)
St. Anna-Gasse 1 [*Altstadt*]
69117 Heidelberg

Telefon 0 62 21 / 4 34 00 87, www.chocolaterie-st-anna.de

Öffnungszeiten   Mo bis Sa 9–19 Uhr, So 11–19 Uhr

Preisniveau   gehoben

Mannheim

Das kulturelle Angebot, das großstädtische Flair, die mit einem Stadt-bummel verbindbaren Einkaufmöglichkeiten, von denen Mannheim eine imposante Auswahl bietet, stellen für Einheimische und Touristen eine große Anziehungskraft dar. Mit circa 320.000 Einwohnern, ein Fünftel davon mit Migrationshintergrund, bildet Mannheim zusammen mit seiner durch den Rhein getrennten Schwesternstadt Ludwigshafen, das wirtschaftliche Zentrum der Rhein-Neckar-Region. Neben einer bedeutenden Industrie verfügt es über einen Inter-city-Knotenpunkt, den zweitgrößten Rangierbahnof Deutschlands und einen der größten Binnenhäfen Europas. Ferner ist Mannheim seit 1967 auch Universitätsstadt und ein überregional bedeutender Theater- und Museumsstandort.

Mehrfache Zerstörungen der Stadt in verschiedenen Kriegen wechselten sich mit Blütezeiten ab, deren bedeutendste wohl ins 18. Jahrhundert fällt, als Mannheim für 58 Jahre Residenzstadt der Kurpfalz war. Goethe, Schiller und Lessing weilten damals in Mannheim ebenso wie Mozart. Mit der Verlegung der kurfürstlichen Residenz nach München setzte in Mannheim ein wirtschaftlicher und kultureller Niedergang ein, den erst die im 19. Jahrhundert beginnende Industrialisierung beendete. Aufgrund seiner wirtschaftlichen Bedeutung wurde Mannheim im Zweiten Weltkrieg durch Luftangriffe

fast völlig zerstört. Die auf das 17. Jahrhundert zurückgehende Planung des Straßennetzes bliebe aber bis heute erhalten. Die Innenstadt ist in rechtwinklige Quadrate eingeteilt, die mit Ausnahme der beiden Hauptachsen, der *Breite Straße* und der *Planken*, keine Namen tragen, sondern mit einer Kombination von Buchstaben und Zahlen gekennzeichnet sind.

Die geschichtliche und wirtschaftliche Entwicklung der *Quadratestadt* spiegelt sich auch in seiner Cafészene wider. Traditionelle Cafés haben sich mit wenigen Ausnahmen nur noch in den Randbezirken erhalten. Die meisten Cafés im Zentrum ähneln in Angebot und Ausstattung dem klassischen Bistro und haben sich in der Mannheimer Shoppingmeile vorwiegend als Erholungsort für müde Füße, als Schaubühne und als Abendtreff etabliert. Das Kuchenangebot wird meist nicht selbst produziert, sondern von einigen wenigen Adressen, die die ganze Region beliefern, bezogen. Dafür überwiegt das Angebot an Kaffeespezialitäten und an alkoholischen Getränken. Der ökonomisch im Trend liegende Übergang vom traditionellen Café zur bis zur spät in den Abend geöffneten Coffe-Lounge ist in Mannheim überdeutlich.

Kläh vunn Wuchs,
Kaum groß wie 'n Meter,
Gerisse wie 'n Fuchs
War unser Blumepeter.

Breet war soi Nas,
Soi Gsicht war noch viel breeder,
Soi Bäh so krumm wie bei 'me Has,
So war der Blumepeter.

...

Bekannt war er in Schtadt unn Land,
So gut wie 'n roder Keeter,
Mi'm Veilchestraißl in de Hand,
De Mannemer Blumepeter.

Der Blumenpeter auf den Kapuzinerplanken:
Ein Mannheimer Original

1 Herrdegen E 2, 8

Alt-Mannheimer Familienbetrieb mitten in den pulsierenden Quadraten, der seit 2006 in vierter Generation von Martina und Simone Herrdegen geführt wird. Die Geschichte des Cafés geht auf das Jahr 1838 zurück. Der Standort des Cafés wurde dabei mehrfach verlegt. 1935 wurde es komplett umgebaut und vergrößert. 1940 erwarb die Familie das Nachbaranwesen, das jedoch im Krieg völlig zerstört wurde. Beim Wiederaufbau wurde im ersten Obergeschoss die seit 1999 so genanne „Carl-Theodeor-Stube" eingerichtet. Seit den 90er Jahren entwickelte Hans Herrdegen, der Vater der beiden heutigen Besitzerinnen, zu verschiedenen Anlässen Tortenkreationen wie die *Carl-Theodor-Torte* zum Auftakt der Gedenkveranstaltungen für den letzten Kurfürsten Carl Theodor (1724–1799) oder wie die *Chinesische Tee-Torte* zur Einweihung des neuen chinesischen Teehauses im Mannheimer Luisenpark. Mit der üppigen Kuchentheke und seiner gediegenen Kaffeehausatmosphäre ist das Herrdegen ein Muss für alle Sahne- und Creme-Torten-Fans und eine der ersten Adressen für *Mannemer Dreck*, der bekannten Mannheimer Spezialität. Bedauerlich ist nur, dass das Café an den eigentlichen Tortentagen, d.h. an Sonn- und Feiertagen, geschlossen bleibt.

Kuchen- und Tortenangebot: Exquisite und große Auswahl an Kuchen und Torten. Von feinster Machart ist zum Beispiel die *Schokoladen-Sahne*, bestehend aus einem sehr lockeren Biskuit und und einer herrlich zarten Mousseschicht, die auf der Zunge zergeht. Sehr empfehlenswert ist auch die *Jubiläumstorte*, eine Apfel-Weincreme-Torte, die mit Calvados hergestellt wird. Bei den gebackenen Kuchen mit frischem Obstbelag fällt angenehm auf, dass diese nicht mit der sonst üblichen überdicken Tortengussschicht überzogen sind.

Einige der Hausspezialitäten, die es hauptsächlich zum Wochenende hin, jedoch nicht in der heißen Jahreszeit gibt, sind die *Chinesische Tee-Torte,* eine mit Eistee, Grünem Tee und Jasminöl aromatisierte Buttercreme, und die *Herbie-Biertorte.* Ihre Böden werden nach einem alten Brottortenrezept hergestellt und mit einer Creme mit feinherbem Biergeschmack gefüllt. Auch die oben erwähnte *Carl-Theodor-Torte*, die an eine Linzertorte erinnert, zählt natürlich ebenso zu den Hausspezialitäten.

☕ Es gibt auch ein kleines Angebot für Diabetiker.

☕ Sehr gut ist der *Mannemer Dreck*, fein in der Struktur und ausge-

wogen im Geschmack. Er wird auch ins europäische Ausland und sogar nach Übersee exportiert.

☕ Umfangreiches Pralinenangebot und Eiskarte mit hausgemachtem Eis.

Außerdem: Frühstücksangebot sowie Suppen und kleine Gerichte.

☕ Routinierter, freundlicher Service.

☕ Unter dem Publikum sind viele treue Kunden, die das Herrdegen immer wieder aufsuchen.

Konditorei und Kaffee Herrdegen (Martina u. Simone Herrdegen)
E 2, 8 [Innenstadt]
68159 Mannheim

Telefon 06 21 / 2 01 85, www.cafe-herrdegen.de

Öffnungszeiten	Mo bis Fr 8.30–18 Uhr, Sa 8.30–17.30 Uhr, Sonn- und Feiertage geschlossen
	Jährliche Betriebsferien im August
Plätze	70 Plätze im EG, 40 in der Carl-Theodor-Stube im 1. OG
Preisniveau	mittel
Das Besondere	Üppiges und qualitativ sehr gutes Kuchenangebot
Stil & Stimmung	Gediegen-traditionell

2 Blum Coffee Bar Schwetzinger Straße 92

Die Blum Coffee Bar in der Schwetzinger Straße gibt es seit über sechs Jahren. Jenseits von allem, was an eine traditionelle Kaffeehausatmosphäre erinnert, nimmt der Gast inmitten eines kühlen Dekoverkaufsraumes, in dem neben Kuchen und Torten auch Lampen, Geschirr und andere Wohnaccessoires angeboten werden, Platz. Einige Sitzmöglichkeiten gibt es auch im Durchgang zum Hof oder im Hof selbst, der an einen Anwohnerparkplatz grenzt.

Der Erfolg dieser ausgefallenen Verbindung von Café und Ausstellungsraum, für den Harald Blum als Konditormeister und Andreas Schäfer als Designexperte verantwortlich sind, hängt vor allem mit der Qualität der angebotenen Kuchen und Torten zusammen. Blum Coffee Bar ist nicht nur eine beliebte Kaufadresse für Kuchen zum Mitnehmen, sondern *die* Lieferadresse für eine ganze Handvoll Cafés, Coffee Bars und Bistros in Mannheim und darüber hinaus. Blums gute Kuchen und Torten, die zwei Häuser weiter frisch hergestellt werden, kann man auch für Geburtstage oder Hochzeiten in Auftrag geben.

Kuchenangebot: Ausgesprochen gute Kuchen, Tartes, Torten und Gebäck. Die Tartes mit ihrem dünnen Mürbeteigboden, der cremigen

Füllung und den frischen Früchten sind äußerst lecker. Der Kuchen-hit 2012 ist die *Heidelbeersahne,* eine Komposition aus einem dünnen Mürbeteig und einer Vanillesahne mit frischen Heidelbeeren. Aber auch die *Orangen-Ingwer-Tarte* ist ein Renner. (Das Rezept dazu finden Sie auf S. 174.) Das große Plus bei Blums Kuchen ist der geringst-mögliche Einsatz von Gelatine.

☕ Der gut zubereitete Kaffee stammt von Florian Steiner aus Hei-delberg, dem deutschen Röstmeister 2009 (s. S. 44).

☕ Überwiegend anspruchsvolleres Publikum verschiedenen Alters.

☕ Der Service ist locker-leger und freundlich.

Blum Coffee Bar (Harald Blum)
Schwetzinger Straße 92 [*Schwetzinger Stadt*]
68165 Mannheim

Telefon 06 21 / 2 62 30, www.blum-du.de

Öffnungszeiten	Di bis Fr 10–18 Uhr, Sa 11–16 Uhr, So 14–18 Uhr, Montag Ruhetag
	Jährliche Betriebsferien: 14 Tage Ende August, Anfang September
Plätze	Im Innenbereich 30 Sitzgelegenheiten, im Hof circa 20 Plätze
Preisniveau	mittel, zum Teil gehoben
Das Besondere	Ausgefallenes Konzept in der Verbindung von Showroom und Café
Stil & Stimmung	Modern-individuell
Draußensitzen	🌴

3 Mohrenköpfle Mittelstraße 11

Zu den Traditionscafés ohne Mittagstisch und kleiner Speisekarte, die immer mehr der Vergangenheit angehören, zählt sicherlich das Möhrenköpfle. Bei Nostalgikern stößt das Ambiente mit altrosa Tapeten und Polsterstühlen, mit bemalten Backformen an den Wänden, Orchideen in den Fenstern und dem Sarotti-Mohr im Regal sicherlich auf Begeisterung, doch der Erfolg des Cafés beruht weitgehend auf der Qualität des Angebots, dem guten Preis-Leistungsverhältnis und dem Außerhausverkauf. Am Wochenende ist das Angebot besonders groß, dann steht die Schlange der Käufer schon mal bis auf die Straße. Und mit etwas Glück findet man auch in der stark befahrenen Mittelstraße einen Parkplatz.

Kuchen und Torten: Ausgesprochen großes Kuchen- und Tortenangebot. Allein unter den Sahnetorten werden über 20 verschiedene Sorten im Wechsel angeboten – von der *Schwarzwälder Kirschtorte* über *Käsesahne*, *Holländer Kirsch* und *Schokosahne* bis zum *Bienenstich*. Unter den Moussetorten sind u. a. die *Dreischokoladenmousse-Torte*, die *Himbeerschokomousse-Torte* und die Hausspezialität, die *Passionsfruchtmousse-Torte*, zu nennen. Gebackene Obstkuchen und Cremetorten gibt es selbstverständlich ebenfalls, darunter Torten mit Bananencreme, Amarettocreme, Eierlikörcreme und Nougatcreme. Alle Kuchen und Torten sind sehr frisch, die Sahne, die üppig verwendet wird, kommt mit wenig Steifmittel aus.

Am Wochenende warten rund 70 verschiedene Kuchen und Torten in der sich langsam drehenden Kuchenvitrine auf ihre Käufer.

Unter den Desserteilchen ist das *Sahne-Omelette* zu empfehlen, ein herrlich zartes Biskuitomelette mit viel frischer Sahne und frischem Obst gefüllt. Oder der *Mohrenkopf*, der aus zwei hauchdünn mit Kuvertüre überzogenen Biskuitschalen besteht, die mit einem Turm von frischer Sahne gefüllt sind.

Kaffeeangebot: Solider deutscher Kaffee in Tasse oder Kännchen, darunter auch eine Tasse Mocca. Die einzigen Ausnahmen im Reigen des Traditionellen sind Milchkaffee, Cappuccino (mit Sahnehaube und Schokoflocken!) und Espresso. Daneben gibt es das ganz gewöhnliche Angebot an Tee – natürlich im Glas serviert.

Außerdem im Angebot sind Pralinen und Eis aus eigener Herstellung. Und den berühmten *Mannemer Dreck* gibt es hier natürlich auch zu kaufen.

Café-Conditorei Mohrenköpfle (Familie L. Wenzlaff)
Mittelstraße 11 [*Neckarstadt*]
68169 Mannheim

Telefon 06 21 / 33 38 86

Öffnungszeiten	Di bis So 11–18 Uhr, Montag Ruhetag
Plätze	Circa 45 Plätze in zwei kleinen Räumen über zwei Stockwerke
Preisniveau	günstig bis mittel
Das Besondere	Tempel der Sahnetorten
Stil & Stimmung	Für Nostalgiker

4 Flo Friedrichsplatz 15

Wie sich bereits an den Öffnungszeiten zeigt, ist das Flo, das seit 13 Jahren existiert, mehr Bistro als Café im engeren Sinne. Tatsächlich hat man beim Eintreten sofort das Gefühl, in einem Pariser Bistro zu stehen. Der kleine Raum, der durch einen gegenüber der Theke angebrachten großen Spiegel optisch vergrößert wird, ist mit viel Liebe zum Detail eingerichtet. Das Inventar wirkt authentisch, ist jedoch aus allen möglichen alten „Edelgebäuden" zusammengekauft. Zum Teil stammt es aus Traditionscafés wie die Tischchen am Fenster aus dem *Café de la Paix* in Paris. Auch der Kachelboden und die Wandpaneele sind nicht original, sondern „importiert". In Antiquitätenläden, auf Antikmärkten und Pariser Flohmärkten wurden die Spiegel, die Lüster und anderes gefunden. Auch die Tischchen und die enge Bestuhlung sind *très français*. Im Unterschied zum ziemlich beengten Innenbereich gibt es außen unter den Arkaden reichlich Platz mit kostenfreiem Blick auf das Mannheimer Wahrzeichen, den Wasserturm.

Kaffee & Kuchen: Das Kuchenangebot wird mit den bewährten Kuchen von Harald Blum in der Schwetzinger Stadt bestritten (Coffee Bar Blum, s. S. 70). Der Kaffee ist gut.

Außerdem: Französisch angehauchte Karte mit mediterranen Gerichten (Suppen, *Cassoulet*, Kaninchen in Senfsoße, *Assiette de fromage* oder *Salade au chèvre* mit frischem Baguette) und Weinen aus Frankreich sowie Crémant. Jeden Tag ein wechselndes Tagesgericht.

Das Publikum ist im Schnitt wohl typisch für die Mannheimer Oststadt, etwas reifer, etwas älter und ein wenig betuchter. Viele Stammgäste.

Café Flo (Jürgen Tekath)
Friedrichsplatz 15 [*Oststadt*]
68165 Mannheim

Telefon 06 21 / 4 18 20 83

Öffnungszeiten	Mo bis Sa 9 – ca. 2 Uhr, So im Winter 15 – ca. 2 Uhr, im Sommer ab 13 Uhr
Plätze	Innen 40 Sitzplätze, draußen unter den Arkaden 160
Preisniveau	im Kaffee- und Kuchenbereich gehoben
Das Besondere	Szenige Oststadtadresse mit Blick auf den Wasserturm
Stil & Stimmung	Très français mit Mannheimer Einschlag
Draußensitzen	🌴🌴

5 Moro P 7, 20–21 / ÖVA-Passage

Das Moro, eigentlich mehr eine Kaffee-Bar als ein Café im klassischen Sinne, liegt mit seinem langgezogenen halbrunden Grundriss mitten in der ÖVA-Passage, in der aufgrund eines durch die Stadt Mannheim für alle Mannheimer Passagen verhängten Rauchverbots seit Dezember 2011 nicht mehr geraucht werden darf. Die original italienische Theke nimmt die volle Länge des Raums ein, dahinter an der Wand verspiegelte Spirituosenregale und Kaffeeschütten. Sitzmöglichkeiten gibt es nicht nur an der Bar, an der breiten Glasfront oder in der Passage, sondern auch auf der großen Terrasse auf den Planken: Für Raucher und Nichtraucher ein guter Beobachtungsposten für das Treiben in der Innenstadt.

Kuchen & Kaffee: Kleine Kuchenauswahl, die von der Konditorei Mohrenköpfle in der Mittelstraße bezogen wird (siehe S. 72). Der gute Kaffee bzw. Espresso stammt von einer italienischen Firma.

☕ Kaffeeverkauf auch außer Haus.

☕ Verschiedene Tageszeitungen und Zeitschriften liegen zur Lektüre aus.

☕ Größere Wein- und Cocktailkarte, Longdrinks, diverse Spirituo-
sen. Außerdem getoastete *Panini*.

Café Moro – Caffè & Thé (Hennes Reiß)
P 7, 20–21 / ÖVA-Passage [*Innenstadt*]
68161 Mannheim

Telefon 06 21 / 1 78 66 56

Öffnungszeiten	Mo bis Mi 8.30–21 Uhr, Do bis Sa 8.30–24 Uhr, So 13–19 Uhr, im Sommer: Sonntag Ruhetag
Plätze	64 Plätze in der Passage, größere Terrasse auf den Planken
Preisniveau	bei den Getränken mittel, bei Kuchen und Torten gehoben
Das Besondere	Variables Platzangebot mit italienischem Kaffee
Draußensitzen	🌴🌴

6 Pralissimo P 7, 24 / Kurfürstenpassage

Sabine und Oliver Kreker haben vor zehn Jahren das ehemalige Schokoladenhaus *Rinderspacher*, das älteste Schokoladenhaus Mannheims, übernommen. Seit Ostern 2010 haben sie sich mit ihrem Café und Ladengeschäft in der Kurfürstenpassage eingerichtet. Die Sitzgelegenheiten verteilen sich auf den Eingangsbereich im Verkaufsraum, auf eine kleine Galerie, die man über eine Treppe erreicht, und auf einige Plätze in der Passage vor dem Eingang. Hier gilt seit Dezember 2011 Rauchverbot! Dunkelbraune Tische und Stühle vor weißen Wänden geben in dem modernen Ambiente den Ton an.
Das Pralissimo wurde 2007 im *Feinschmecker* empfohlen. In der *Feinschmecker*-Ausgabe vom April 2012 zählte es zu den 500 Top-Adressen Deutschlands.

Kuchen: Kleines Kuchenangebot mit zum Teil selbstgemachten, zum Teil von verschiedenen Mannheimer Konditoren bezogenen Kuchen (u. a. von Wissenbach und Blum Coffee Bar). Im Angebot sind auch laktosefreie Kuchen.

Der Kaffee, den man auch im Laden kaufen kann, wird von einer kleinen deutschen Privatrösterei bezogen.

Außerdem: Größere Auswahl an speziell für Pralissimo hergestellten Tafelschokoladen, Schokoladenbruch in verschiedenen Variationen, handgefertigten Trüffeln und Pralinen und selbst hergestellte Schokoladenbrotaufstrichen. Im Angebot sind auch Schokoladenprodukte von renommierten Firmen wie Bonnat, Cluizel, Dolfin, Domori oder Neuhaus.

Pralissimo – Schokoladenhaus Rinderspacher
(Sabine und Oliver Kreker)
P 7, 24 / Kurfürstenpassage [*Innenstadt*]
68161 Mannheim

Telefon 06 21 / 2 51 16,
www.schokoladenhaus-rinderspacher.de, www.pralissimo.de

Öffnungszeiten	Mo bis Freitag 10–19 Uhr, Sa 10–17 Uhr
	Jährliche Betriebsferien während der Pfingstferien in den Schulen
Plätze	Insgesamt 28 Sitzplätze und 10 Plätze an Stehtischen
Preisniveau	für Kuchen hoch, für Kaffee mittel bis gehoben
Das Besondere	Adresse für einen Boxenstopp auf der Shoppingtour
Stil & Stimmung	Solide-trendy

Herr Elzer an seiner Izzo Pompei

7 CaT O 3, 1

Das kleine Café in den Quadraten besticht durch seine elegant-schlichte Atmosphäre in Schwarz-Weiß und sein freundlich-helles Ambiente. Keine Schnörkel, kein Chichi – und genauso ist das Getränke- und Kuchenangebot. Es wird nicht auf Effekte, sondern auf Qualität gesetzt. Das zeigt sich auch in dem angrenzenden exklusiven Spirituosengeschäft, das ebenfalls von Rüdiger Elzer betrieben wird. Dass Herr Elzer Ansprüche stellt und sich mit der hohen Kunst der Kaffeezubereitung auseinandergesetzt hat, beweist die Verwendung einer mechanischen Handhebelmaschine in dem kleinen Café. Ihre Bedienung erfordert Übung und Gefühl, da es keine Pumpe gibt, die den Brühvorgang automatisch durchführt. Die Qualität des Espressos bzw. Kaffees wird allein durch den manuellen Anpressdruck und die individuell festgelegte Dauer des Wasserdurchlaufs bestimmt. Resultat ist einer der besten Kaffees, die man in Mannheim trinken kann.

Kuchenangebot: Die Kuchen wie die sehr zu empfehlenden Buttercroissants stammen von der bewährten Adresse in Hirschberg-Leutershausen, von Erdmann (siehe S. 116). Löblich: Der Kuchen vom

Vortag wird als solcher ausgewiesen und zu einem deutlich geringeren Preis verkauft.

Kaffee & Tee: Sehr gutes Kaffee- und Teeangebot, das heiße und kalte Varianten umfasst. Den Kaffee bezieht Herr Elzer von einer kleinen, nördlich von Hamburg gelegenen Kaffeemanufaktur, die für ihre hochwertigen Kaffees bekannt ist.

Sehr gut ist unter anderem der Espresso mit einer Kugel Vanilleeis, quasi ein kleiner Eiskaffee, ein „Mitbringsel" des Betreibers aus Thailand, wo dieses Getränk üblicherweise serviert wird. Die Tees sind von der Firma *Tea forté* (quasi loser Tee im vorgefertigten Pyramidenbeutel) und von *Kusmi Tea*. Besonders im Winter zu empfehlen sind die heißen Trinkschokoladen von *Eraclea*.

☕ Alle Milchmixgetränke auch mit laktosefreier Milch.

Außerdem: Fruchtige Smoothies und erfrischende Frappés.

☕ Kaffee- und Teeverkauf auch außer Haus.

☕ Netter Service.

Café CaT Coffee and Tea (Rüdiger Elzer)
O 3, 1 [*Innenstadt*]
68161 Mannheim

Telefon 06 21 / 33 65 16 93, www. www.cafe-cat-mannheim.de

Öffnungszeiten	Mo bis Sa 9–19 Uhr
Plätze	16 Sitzplätze innen und 4 Tische bzw. 8 Plätze vor dem Haus
Preisniveau	mittel für Kaffee, für Kuchen und Torten gehoben
Das Besondere	Bemerkenswerte Kaffeezubereitung und gute Qualität des Kaffee- und Teeangebots
Stil & Stimmung	Pfiffig-anspruchsvoll
Draußensitzen	

8 Bootshaus Hans-Reschke-Ufer 3

Großräumiger Allrounder direkt am Neckar, der Café, Restaurant und Event-Location in sich vereint. Besonders im Sommer ist die große Terrasse ein idealer Ort zum Brunchen, Mittagessen, Kaffee- und Kuchengenießen oder auch für ein stilvolles Abendessen. Mit seinem dunklen Dielenboden, den dunklen Tischen und Stühlen, den klaren Formen und der großen Glasfront ist das Interieur zeitlos-modern, der hintere Raum mit seinen Lüstern sogar ein wenig mondän. Das Bootshaus ist, auch für Kaffee- und Kuchenliebhaber, eine empfehlenswerte Adresse in der Metropolregion. Günstig für Gäste, die mit öffentlichen Verkehrsmitteln unterwegs sind: Die OEG hält direkt gegenüber.

Kuchenangebot: Die Kuchen werden von der Blum Coffee Bar in der Schwetzinger Straße bezogen (siehe S. 70) und sind damit bewährt gut. Unter der Woche stehen an die vier Kuchen zur Auswahl, standardmäßig eine saisonale Obsttarte, Kirschstreuselkuchen, gedeckter Apfelkuchen und Orangen-Ingwer-Tarte. Am Wochenende ist die Auswahl größer. Dann gibt es auch Käsekuchen, Schwarzwälder Kirschtorte, eine Schokomousse- oder eine Passionsfruchtmousse-Torte.

Kaffee: Das Kaffeeangebot der Marke IO von Azul Kaffee ist ordentlich.

Außerdem: Im Sommer große Auswahl an Eisspezialitäten. In der kalten Jahreszeit gibt es Apfelstrudel, hausgemachten Kaiserschmarrn und frisch gebackene Waffeln.

☕ Auf der umfangreichen Speisekarte finden sich Vorspeisen, Suppen, Salate, Pasta, Fleischgerichte (u. a. Steaks), Flammkuchen und Vegetarisches. Ferner gibt es eine Snack-Karte.

☕ Stadtbekannt ist der Sonntagsbrunch.

☕ Der Service ist flott und aufmerksam.

☕ Publikum: Trendy people, Geschäftsleute, Stammkunden sowie Ausflügler.

Bootshaus – Café, Restaurant, Events
(Geschäftsführung: Sascha Ullrich, Peter Kraus)
Hans-Reschke-Ufer 3 [*Oststadt*]
68165 Mannheim

Telefon 06 21/3 24 77 67, www.bootshaus.net

Öffnungszeiten	Mo bis Fr 11.30–1 Uhr, Sa und So 10–1 Uhr
Plätze	195 Plätze innen, 200 auf der Terrasse
Preisniveau	im Kaffee-Kuchen-Bereich: mittel bis gehoben
Das Besondere	Allrounder mit großer Terrasse und Blick auf den Neckar
Stil & Stimmung	Trendy-leger
Draußensitzen	

9 Kaufadresse Chocolat Noir

Ich kann allem widerstehen, außer der Versuchung. Dieses Zitat von Oscar Wilde steht an der Tür des Refugiums für Schokoladenliebhaber und Genießer, das Elke Gründler zusammen mit ihrem Mitstreiter Harald Eckrich in der Mannheimer Innenstadt 2009 eröffnete. Tatsächlich bietet das Chocolat Noir auch die entsprechenden süßen Verführungen an. Das exklusive Sortiment umfasst eine große Auswahl verschiedenster Schokoladensorten und feinster Pralinen, die von den renommiertesten Herstellern aus ganz Europa sowie von zehn ausgewählten kleinen Pralinenproduzenten bezogen werden. Daneben gibt es weitere Raritäten wie kandierte Blütenblätter, mit spezieller Zuckertechnik veredelte Blütenblätter von Rosen, Veilchen oder Stiefmütterchen – alles auf ausladenden Etageren und in großen gläsernen Vasen ansprechend dargeboten oder in kleine edle Schächtelchen verpackt. Die Inhaber testen im Übrigen alle Produkte selbst und beraten äußerst zuvorkommend und kompetent.

Doch sind nicht nur die hier verkauften Köstlichkeiten, sondern auch das Chocolat Noir selbst einen Besuch wert. Der Laden ist geschmackvoll im Stil der 1920er Jahre eingerichtet. Sechs Monate lang suchten Elke Gründler und Harald Eckrich nach originalen Accessoires – jeder Teller, jeder Silberlöfel, die Lampen im Jugend-

stil und auch die große Etagere sind stilecht. Die Tapete mit ihrem schwarz-weiß-silbernen Barockmuster haben die Inhaber in London entdeckt. Zur stilsicheren Einrichtung gibt es Hintergrundmusik, die ebenfalls aus den 20er Jahren stammt. Dazu kann man im Laden an drei Tischen mit 12 Sitzplätzen und an einem Tischchen mit zwei Stühlen vor der Tür auch eine heiße Schokolade, einen Kaffee oder einen Tee genießen.

Chocolat Noir (Elke Gründler, Harald Eckrich)
L 8, 4 [Innenstadt]
68161 Mannheim

Telefon 06 21 / 39 74 99 44, www.chocolatnoir.de

Öffnungszeiten   Mo bis Fr 10–19 Uhr, Sa 10–16 Uhr

Gehobene Preise

10 Kaufadresse Confiserie Freundt

Nach einer Lehre in Heidelberg und Wanderjahren bei renommierten Adressen im In- und Ausland übernahm Christian Lorczyk im
Januar 2007 das Traditionshaus *Freundt* in Mannheim und eröffnete
seine eigene Confiserie mit der Idee, auf der Grundlage von Traditi-
onellem Neues zu kreieren. Lorczyk setzt dabei auf Qualität. Daher
verarbeitet er ausschließlich Valrhona-Produkte, dem Rolls Royce
unter den Schokoladen und Kuvertüren. Zum umfangreichen Angebot, das immer frisch vor Ort hergestellt wird, zählen auch französisch angehauchte Tartes mit Obst der Saison, z. B. die *Pistazien-
tarte* mit Sauerkirschen und knusprigen Butterstreuseln, die *Pfälzer Feigentarte* mit Zimtmandelcreme auf Buttermürbeteig oder die
Bananentarte mit Walnusskaramell und Schokomürbeteig. Daneben
bietet Lorczyk eine Vielfalt an wechselnden Torten und Törtchen
wie z. B. die *Maronenmousse*, die *Kokosnussmousse*, die *Schokoladenmousse*, Cremetorten sowie Traditionskuchen wie Kirschenplotzer
nach Omas Rezept, Käsekuchen, Obstkuchen und Hefeteigspeziali-
täten an. Außerdem verkauft er Konfitüren, die er in kleinen Mengen
selbst herstellt. Hausgemachte Geleefrüchte und Teegebäck runden
das Angebot ab. Das Highlight das ganze Jahr über ist die breite Palette an selbst hergestellten Pralinen und Trüffeln.

Tipp: Absolut empfehlenswert unter den Pralinen ist die *Mannemer*

Dreck Praline, eine Kreation des Chocolatiers: Knackige Zartbitter-schokolade umhüllt einen fein gewürzten Marzipankern mit ausge-prägtem Rumgeschmack und sehr saftiger Konsistenz.

Christian Lorczyk wurde mit seiner Confiserie im *Feinschmecker*, Mai 2012, vorgestellt. Der Konditormeister veranstaltet auch Pralinen-kurse bei *barbara's wine-yards* in Schwetzingen (www.bw-y.de).

Das Rezept zu einer Tortenkreation von Christian Lorczyk finden Sie auf S. 228: *Weiße Schokoladenmousse-Torte mit roten Früchten auf Himbeer-Anis-Biskuit.*

Confiserie Freundt – Confiserie Lorczyk KG (Christian Lorczyk)
N 3, 7–8 [*Innenstadt*]
68161 Mannheim

Telefon / Fax 06 21 / 2 62 66, www.confiserie-freundt.de

Öffnungszeiten   Di bis Fr 9–18.30 Uhr, Sa 8.30– 18 Uhr,
                  Mo geschlossen
                  Jährliche Betriebsferien in den ersten drei August-
                  wochen und eine Woche um Heilige Drei Könige

Gehobene Preise

11 Kaufadresse Helder & Leeuwen

Der kleine Kaffeeladen in den Mannheimer Quadraten und die Rösterei in der Industriestraße werden von zwei Quereinsteigern betrieben, die beide aus der Wirtschaft kommen. Die Leidenschaft für Kaffee ließ Alparsian Üründül und Enver Atabay umsatteln, sie machten sich fit in Sachen Kaffeerösten und eröffneten vor einigen Jahren ihre kleine Rösterei. Inzwischen sind sie Mitglied der *Deutschen Röstergilde*, dem Verband der Spezialitäten-Kaffeeröster, der Deutschlands Spitzen-Röster mit einem Qualitätssiegel auszeichnet. Den Rohkaffee, den sie von kleinen Kooperativen aus den besten Anbaugebieten der Welt beziehen, rösten sie auf zwei Röstmaschinen in Langzeitröstung. Diese gewährleistet den schonenden Abbau der schädlichen Säuren und Reizstoffe und ermöglicht so die volle Entfaltung aller Kaffeearomen. Es wird auch nicht auf Lager produziert, da die Aromastoffe des Kaffees durch den Sauerstoff der Luft zersetzt werden. Im Ladengeschäft werden neben verschiedenen Kaffeemischungen auch sortenreine Kaffees aus Brasilien, Kolumbien, Guatemala und Indien angeboten. Außerdem kann man sich dort mit Kaffeemaschinen, Tassen und anderen Accessoires für den Kaffeegenuss eindecken.

Die Inhaber bieten in den Räumen der Rösterei in der Industriestraße auch Kaffeeseminare, Verkostungen, Röstvorführungen und
Barista-Seminare an.

Helder & Leeuwen – Kaffeeröster (Enver Atabay, Alparsian Üründül)

Geschäft: Q 5, 7
68161 Mannheim

Rösterei: Industriestraße 35
68169 Mannheim

Telefon 06 21 / 9 78 57 05, www.helder-leeuwen.de

Öffnungszeiten: Mo bis Sa 10–19 Uhr

Angemessene Preise

Cafés in der Umgebung

Neben den städtisch geprägten Cafés in Heidelberg und Mannhein finden Sie hier einige lohnende Adressen im Odenwald, an der Bergstraße, im Neckartal und im Kraichgau. Zum Teil sind sie echte Stadtkerncafés, oft aber auch Ausflugsziele in einer landschaftlich reizvollen Gegend, die den kalorienreichen Abschluss einer Besichtigung, einer Radtour oder einer Unternehmung sein können. Die meisten dieser Cafés liegen in einem mittelstädtischen oder dörflich-kleinstädtischen Umfeld und haben daher ihre traditionelle Rolle in aller Regel bewahrt. In ihnen wird noch selbst gebacken, im Zentrum des Angebots stehen Kaffee und Kuchen, auch wenn aus wirtschaftlichen Gründen zumindest eine Mittagskarte nicht fehlt. Auch sind die Öffnungszeiten noch den lokalen Gegebenheiten angepasst, d. h. sie orientieren sich an den üblichen Ladenschlusszeiten.

Moderne Entwicklungen wie Coffee-Lounges mit späten Schließzei-
ten sind selten und nur in der Nähe von Heidelberg und Mannheim
anzutreffen.

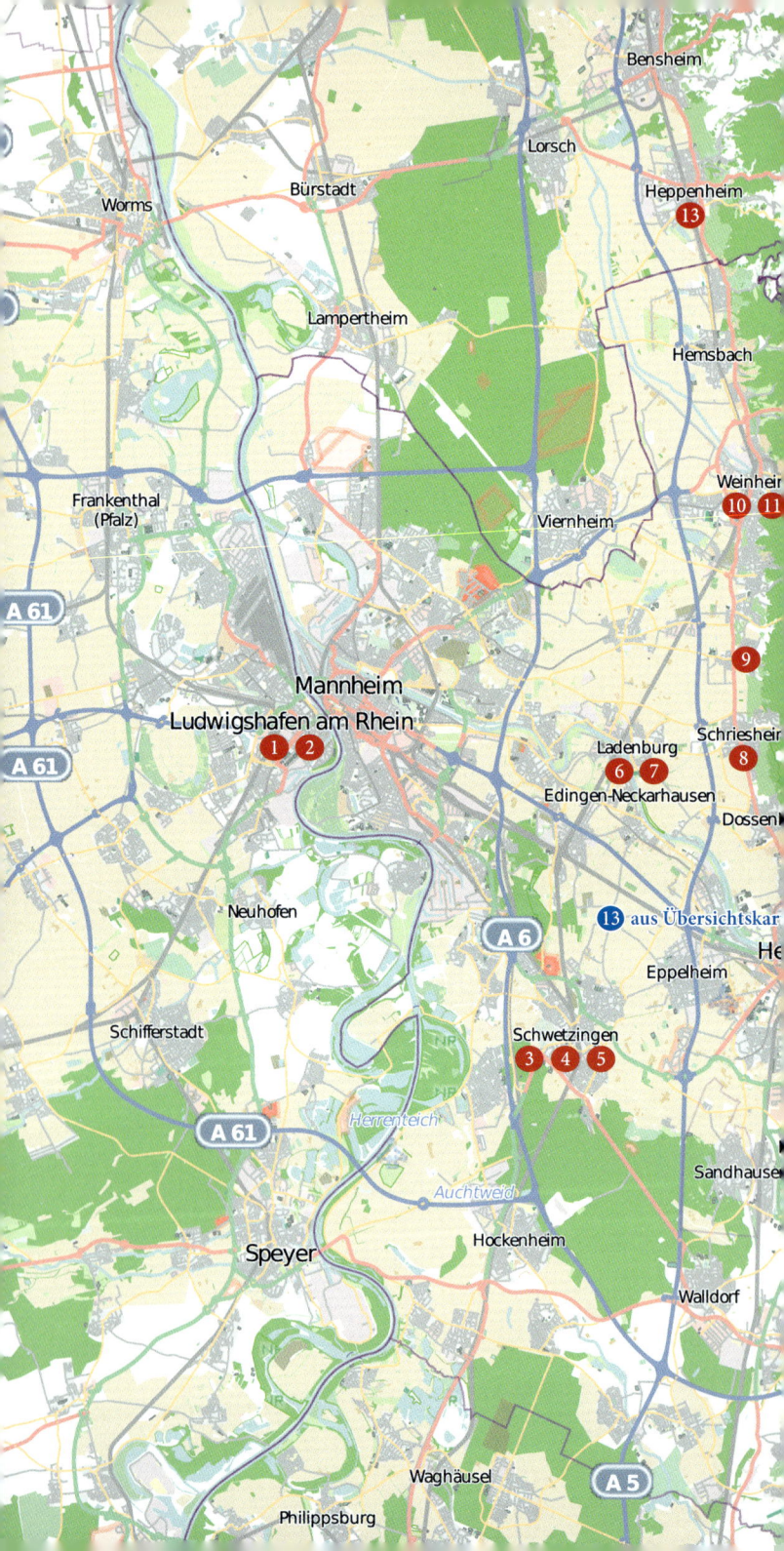

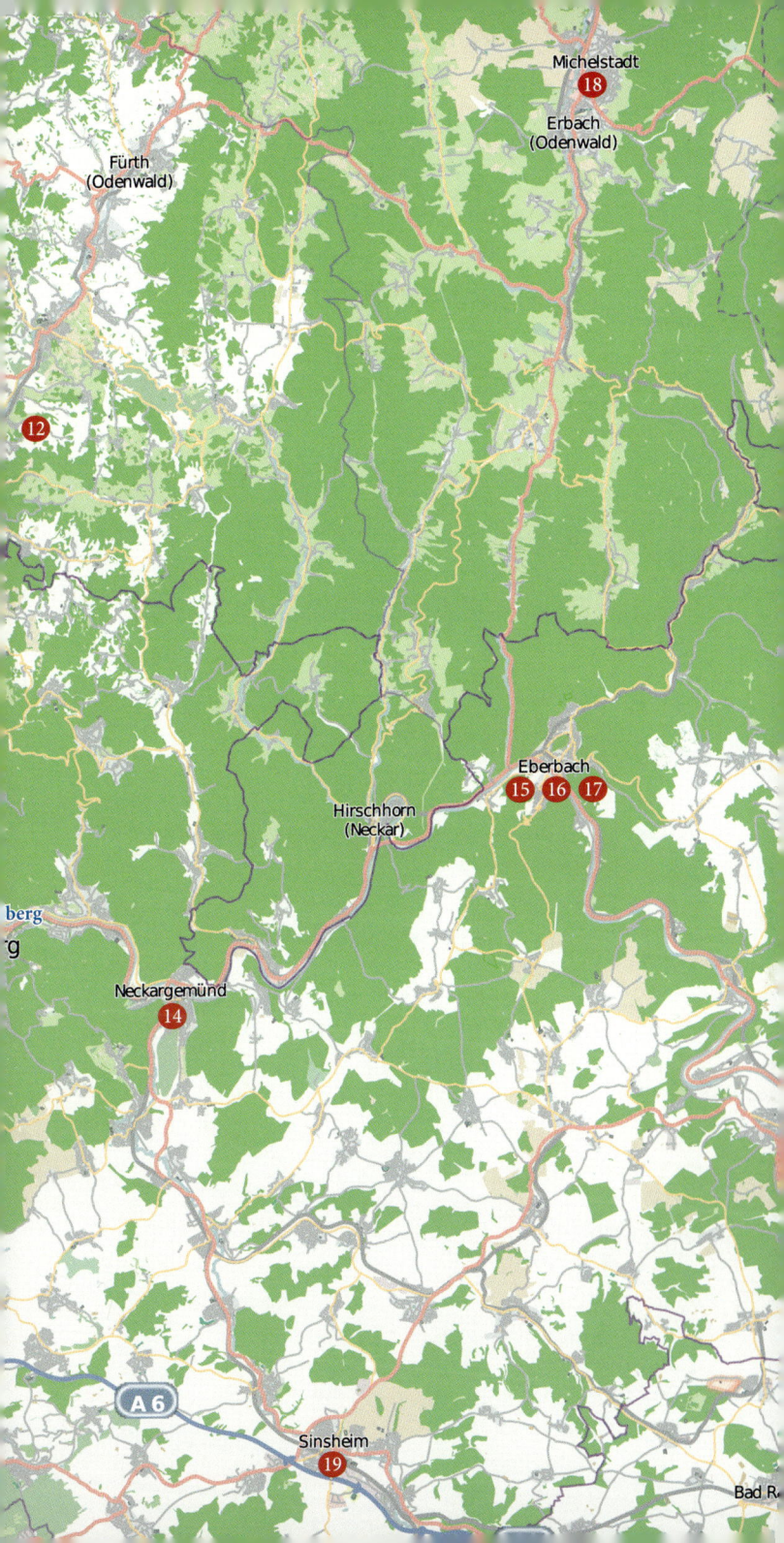

1 König's Ludwigshafen

Die Café-Konditorei Koenig, wie sie früher hieß, hat Tradition. Seit 1884 war das Haus in der Bahnhofstraße in Ludwigshafen *die* Adresse für Kaffee und Kuchen. An diese Tradition knüpfen die neuen Betreiber Denise Peters und Martin Biebinger an, die das Café Koenig 2010 übernahmen. Nach einer Vergrößerung und Umgestaltung präsentiert sich das Café Koenig heute als König's mit einem neuen Konzept und einer neuen, trendig-modernen Einrichtung als Allrounder in der Ludwigshafener City. Morgens kann man frühstücken, in der Mittagspause essen, abends ein Viertele oder einen Cocktail zu sich nehmen – und nachmittags natürlich Kaffee und Kuchen genießen.

Kuchen: Es stehen täglich an die 15 Kuchen und Torten zur Auswahl, die vom hauseigenen Konditor hergestellt werden und qualitativ und geschmacklich überzeugen. Empfehlenswert sind zum Beispiel die *Ingwer-Orangentarte* mit ihrem fruchtig-cremigen Belag und dem sehr dünnen Mürbeteigboden oder der *Schweizer Apfelkuchen* mit Mandelstiften. In der Kuchentheke sind auch Klassiker wie *Frankfurter Kranz* oder *Schwarzwälder Kirschtorte* zu finden.

Kaffee & Tee: Das Kaffeeangebot ist gut, das Teeangebot ebenfalls. Alle milchhaltigen Getränke gibt es auch mit laktosefreier Milch.

Außerdem: Große Frühstückskarte, Mittagskarte, Speisekarte – im Angebot sind Suppen, Flammkuchen, Salate, Focaccia, Pasta, Spezialitäten vom Grill und aus der Pfanne, Kinderkarte, Desserts, alkoholische und nichtalkoholische Getränke, Cocktails und Longdrinks.

Jeden Donnerstag ab 18 Uhr gibt es unter dem Motto *Tapas treffen Bossa Nova* eine große Auswahl an kalten und warmen Tapas; jeden Dienstag ab 18 Uhr gibt es *Käsefondue* satt.

Publikum: Städtisches Publikum jeden Alters und jeder Couleur.

König's (Denise Peters und Martin Biebinger)
Bahnhofstraße 4
67059 Ludwigshafen

Telefon 06 21 / 30 73 24 97, www.koenigs-ludwigshafen.de

Öffnungszeiten	Mo bis Do 8–24 Uhr, Fr 8–1 Uhr, Sa 8.30–1 Uhr, So 9–22 Uhr
Plätze	Innen 106 Sitzgelegenheiten, vor dem Haus 60 Plätze
Preisniveau	im Kuchenbereich günstig, im Kaffeebereich mittel
Das Besondere	Allrounder in der City
Stil & Stimmung	Trendig-modern
Draußensitzen	🌴🌴

2 Kaufadresse Mohrbacher Ludwigshafen

Die Privat-Kaffee-Rösterei Mohrbacher, die 1924 vom Schwiegervater des jetzigen Seniorchefs gegründet wurde, setzt auf Qualität. *„Wir betreiben eine Manufaktur"*, erklärt Winfried Bischof, der Seniorchef, *„denn dem Hochgenuss geht Handarbeit voraus" (FAZ, 01.04.2010)*. Und das ist wörtlich zu nehmen. Jeden Morgen werden bis zu 14 Chargen von jeweils 30 Kilogramm Rohkaffee in der 60 Jahre alten Röstmaschine veredelt – natürlich in schonender Langzeitröstung, das heißt, mindestens 15 Minuten bei maximal 190 °C. Zum Vergleich: In einer industriellen Großrösterei werden die Bohnen nur 2 bis 3 Minuten bei 260 °C geröstet. Diese schonenende Röstverfahren ist nur in kleinen Mengen möglich, ebenso wie das anschließende Sortieren der gerösteten Bohnen von Hand, was sich heute kaum mehr eine Rösterei in Deutschland leistet. Verwendet wird bei Mohrbacher nur die anspruchsvolle Arabica-Bohne, die auf dem Weltmarkt zu wesentlich höheren Preisen gehandelt wird als die Robusta-Bohne, die koffein- und ertragreicher ist und bevorzugt für preisgünstige Discounter- und Instantkaffees verwendet wird. Die Bohnen, die Mohrbacher verarbeitet, stammen alle aus besonderen Hochlagen in Lateinamerika, Afrika, Asien und Ozeanien. Daher werden bei

Mohrbacher die Röstkaffees nach der Plantage im entsprechenden Anbauland benannt.

Im Angebot sind rund 30 täglich frisch geröstete sortenreine Kaffees und 7 Kaffeemischungen. Besonders stolz ist man auf den *Kanzlerkaffee*, der aus acht hochwertigen Arabicas zu Helmut Kohls 65. Geburtstag kreiert und lange Zeit im Kanzleramt serviert wurde. Neben den Kaffeespezialitäten werden in dem kleinen Geschäft auch Schokoladen, Tees, Marmeladen und Gebäck angeboten.

Im *Feinschmecker* schafften gleich drei Kaffees von Mohrbacher den Sprung in die Weltrangliste der besten zehn Kaffees.

Privat-Kaffee-Rösterei Mohrbacher (H. Mohrbacher KG)
Mundenheimer Straße 233
67061 Ludwigshafen

Telefon 06 21 / 56 35 41, www.mohrbacher.de

Öffnungszeiten   Mo bis Fr 8–13 Uhr, 14.30–18 Uhr,
Sa 8.30–13 Uhr

Qualität hat ihren Preis

3 Leisinger Schwetzingen

Sehr gut frequentiertes Tagescafé im Zentrum von Schwetzingen. Das Stammhaus der Familie Leisinger befindet sich jedoch in Plankstadt. Seit den 50er Jahren wird dort im Familienbetrieb gebacken und produziert. 2002 wurde dann das Café Leisinger von den jetzigen Betreibern eröffnet. Der Gast kann unter verschiedenen Sitzbereichen wählen: Ein paar Tische stehen im vorderen Kuchentheken- bzw. Verkaufsraum, weitere Plätze finden sich im verglasten hinteren Bereich, dem „Wintergarten", und bei schönem Wetter auf der Terrasse. Zusätzlich gibt es einen separaten Raum im angrenzenden Gebäude, der über einen Durchgang oder den Innenhof zu erreichen ist. Während sich das Interieur des Verkaufsraums eher am Konventionellen orientiert, lädt dort ein trendiger Caféraum mit dunklen Möbeln und klaren Linien zu einer ruhigen Tasse Kaffee ein. Im Wintergarten dagegen kann es bei großem Andrang schon mal laut werden, der Geräuschpegel nähert sich dann südländischen Dimensionen.

Kuchenangebot: Sehr große Auswahl an Kuchen und Torten aller Art. Auch größeres Rührkuchenangebot und eine große Auswahl an Kleingebäck wie *Muffins* u. ä. Zu empfehlen ist unter anderem die Hausspezialität, die *Plankstadter Nusstorte* – hervorragend im

Geschmack, aromatisch, kräftig, aber nicht zu aufdringlich mit Kirschwasser abgeschmeckt. Auch die *Schokomousse-Törtchen* mit frischen Früchten schmecken sehr gut, sind locker, frisch und leicht in der Textur. Der *Himbeerkuchen* weicht in seiner feinen Machart von der üblichen deutschen Variante dieses Kuchenklassikers ab. Statt eines dicken Biskuitbodens mit Beerenauflage und einer mächtigen

LEISINGER
Cafe

ÖFFNUNGSZEITEN
Montag - Sonntag
9.00 - 18.00 Uhr

Schicht Tortenguss, der oft Kleisterfunktion zu haben scheint, präsentiert sich Leisingers Himbeerkuchen als aparte Komposition aus einem feinen, mit einer hauchdünnen Kuvertüreschicht überzogenem Mürbeteigboden, gefolgt von einer zarten Lage Biskuit und einer Schicht wohlschmeckender Creme und gekrönt von einem üppigen Himbeerbelag.

☕ Viele Torten sind auch als Miniversion zu haben.

Kaffee & Tee: Größere Auswahl an verschiedenen Kaffeespezialitäten, Tees und Trinkschokoladen.

Außerdem: Breit gefächertes Frühstücksangebot und kleine Gerichte wie Suppen, Salate, Toasts, Flammkuchen usw.

Café Leisinger (Gerald und Silke Sauer-Leisinger)
Carl-Theodor-Straße 25
68723 Schwetzingen

Telefon 0 62 02 / 85 91 19

Öffnungszeiten	Mo bis Sa 8–18 Uhr, Sonn- und Feiertag 9–18 Uhr
Plätze	Im Innenbereich 60 + 35 Plätze, auf der Terrasse bzw. im Innenhof 60 Plätze
Preisniveau	mittel
Das Besondere	Ansprechendes Tagescafé mit sehr gutem Kuchenangebot
Draußensitzen	

4 Kurfürstenstube Schwetzingen

Die Kurfürstenstube, die direkt im Eingangsbereich des Schwetzinger Schlosses gegenüber der Kasse liegt, wirkt auf den ersten Blick wie ein Traditionscafé für ältere Damen. Tatsächlich treffen sich hier auch gern ältere Damen zum nachmittäglichen Kaffeekränzchen. Vielleicht liegt dies aber nicht nur an dem speziellen Ambiente, sondern auch an der freundlichen Atmosphäre und an dem jungen Mann, der die Damen wirklich zuvorkommend bedient. Wie dem auch sei: Die Kurfürstenstube ist eine durchaus empfehlenswerte Adresse für jeden, der bei Kaffee und Kuchen auch ein gepflegtes Ambiente genießen möchte.

Dazu trägt auch die Renovierung des Cafés bei. 2011 wurde es nach einer fast zweijährigen Renovierungszeit wiedereröffnet und erstrahlt seither in frischen Farben. Von der rückwärtigen, einladenden Terrasse hat man einen schönen Blick auf das Schwetzinger Schloss. Zusammen mit der weitläufigen Parkanlage ist es eine der am besten erhaltenen fürstlichen Sommerresidenzen Europas aus dem 18. Jahrhundert. Der Pfälzer Kurfürst Carl Theodor (1724–1799) ließ seinerzeit Schwetzingen zu einem aufwändig gestalteten Sommersitz ausbauen. Das Barock-Schloss-Ensemble erhielt damals seine bis heute erhaltene Gestalt.

Kuchenangebot: Das Standardangebot umfasst vier selbstgemachte Kuchen, wie *Pflaumenkuchen, Apfelkuchen, Käsekuchen* und *Kirschkuchen mit Haselnussdecke* und drei bis vier zugekaufte Torten, darunter etwa die *Choco royale*, eine Schokoschichttorte. Auch das saisonale Angebot, wie die erfrischende und fruchtige *Erdbeer-Buttermilch-Torte*, ist gut. Die Kurfürstliche Spezialität ist der hausgemachte warme *Apfelstrudel* mit Vanilleeis und Sahne.

☕ Die zum Kuchen gereichte Sahne ist hervorragend.

Außerdem: Frühstücksmöglichkeit bis 11 Uhr und wöchentlich wechselnder Mittagtisch.

☕ Im Winter werden offene Tees und frisch gebackene Waffeln serviert.

Kurfürstenstube (Annette Bacher)
Am Schlosseingang
68723 Schwetzingen

Telefon 0 62 02 / 1 46 56

Öffnungszeiten	Täglich 10–18 Uhr, 31.Oktober bis 1. April: Montag Ruhetag
Plätze	42 Plätze innen, 40 + 12 außen zum Schlossgarten hin und am Caféeingang
Preisniveau	an der Lage gemessen günstig
Das Besondere	Engagierter Familienbetrieb in besonderer Lage
Stil & Stimmung	Gepflegt-traditionell
Draußensitzen	🌴🌴

5 Prinz Carl Schwetzingen

Im Café Prinz Carl in der Dreikönigstraße sitzt man zwar nicht so fürstlich, dafür jedoch sind Auswahl und Qualität der Kuchen und Torten bemerkenswert. Die Bäckerei und Konditorei wird seit 2005 in der dritten Generation von Thomas und Jürgen Rieger weitergeführt. Alle Konditoreiwaren werden nach hauseigenen Rezepten hergestellt, alle Brote mit hauseigenem Sauerteig gebacken.

Das Haus in der Dreikönigstraße 11 hat Geschichte. 1766 erbaut, war es als *Weinstube Prinz Carl* in der Zeit, als der Kurfürst Carl-Theodor im Sommer hier residierte, eines der besten Häuser am Platz. Bekannt wurde es auch als Quartier Schillers auf seiner Fahrt nach Mannheim. Mit dem Einzug des Militärs 1867 bekam es den Namen *Backmulde*, weil der damalige Besitzer darin eine Bäckerei eröffnete. Nach verschiedenen anderen Nutzungen führte die Familie Rieger 1960 die Tradition mit der Bäckerei fort. 1997 wurde das Café eröffnet, eine empfehlenswerte Adresse jenseits der Schwetzinger Cappuccinomeile.

Die Kuchen: Das tägliche Kuchenangebot umfasst circa 15 wechselnde Kuchen und Torten aus einem schier endlosen Kuchen- und

Tortensortiment. Unter den Sahnetorten ist zum Beispiel die *Cappuccino-Sahne* sehr zu empfehlen. Auch die Obstkuchen, wie die auf Wunsch als üppigen Tuff dazugereichte Sahne, sind sehr gut.

Das Kaffee- und Teeangebot ist ansprechend. Zu den Heißgetränken wird ein Keks mit dem Profil Prinz Carls gereicht, für dessen Herstellung sich die Riegers extra eine Gebäckform haben herstellen lassen.

In der Weihnachtszeit werden 20 bis 25 Sorten Weihnachtsgebäck hergestellt, darunter auch *Spekulatius* mit dem Profil Prinz Carls und *Springerle* sowie *Butterchriststollen*.

Außerdem: Große Frühstückskarte und kleine pikante Gerichte wie Toasts, Salate und Suppen.

Die Spezialität des Hauses im Brotbereich ist *Riegers Spargelbrot*, das seit einigen Jahren in der Spargelzeit gebacken wird. Mit ganzen Spargelstücken und aus Spargelsud von Hand hergestellt und in einer speziellen Backform gebacken, stellt jedes Brot ein Unikat dar. Für seine Herstellung wird ausschließlich Schwetzinger Spargel verwendet. Das Spargelbrot ist ins Geschmacksmuster-

register des Deutschen Patent- und Markenamts eingetragen und wurde bereits vom Institut für die Qualitätssicherung von Backwaren (IQBack) mit Gold ausgezeichnet. (Weitere Infos über www.spargelbrot.de)

Mein Tipp: Das Spargelbrot mit seiner locker-leichten und dennoch saftigen Teigstruktur und seinem feinen Spargelgeschmack schmeckt hervorragend – auch mit leicht gesalzener Butter und/oder mit einer Scheibe guten gekochten Schinkens.

☕ Ausgesprochen freundlicher Service.

Auf S. 208 finden Sie ein Rezept für einen *Rahmkuchen* aus dem Hause Rieger.

Café Prinz Carl – Bäckerei · Konditorei Rieger (Familie Rieger)
Dreikönigstraße 11
68723 Schwetzingen

Telefon 0 62 02 / 1 20 24, www.cafe-prinz-carl.de

Öffnungszeiten	
Café	Di bis Sa 9–18 Uhr, Sonn- und Feiertage 9.30–18 Uhr, Montag Ruhetag – an Feiertagen geöffnet
Bäckerei	Mi bis Fr 6.30–18.30 Uhr, Samstag ab 6 Uhr, Sonn- und Feiertage ab 8 Uhr, Mo u. Di geschlossen, an Feiertagen geöffnet
Plätze	50 innen, 16 vor dem Haus
Preisniveau	günstig bis mittel
Das Besondere	Engagierte Betreiber
Stil & Stimmung	Leger-freundlich
Draußensitzen	🌴

6 Café am Markt Ladenburg

Gut besuchtes Tagescafé der bodenständig-kleinstädtischen Art. Den Eingangs- bzw. Verkaufsbereich dominiert eine großdimensionierte Kuchentheke. Der nach hinten liegende Gastraumbereich ist verwinkelt, freundlich und erinnert an frühere Zeiten. Nur der grün-weiße Fliesenboden und die gelb-terrakottafarbene Wandgestaltung verleihen dem Raum einen Hauch von Moderne. Beim Frühstücken oder gemütlichen Kaffeetrinken und Kuchenessen stört von Zeit zu Zeit nur die ratternde Brotschneidemaschine, die das ganze Café zum Vibrieren bringt.

Kuchenangebot: Eine üppige Kuchen- und Tortenauswahl, darunter auch verschiedene Käsekuchenvarianten, prangt hinter dem Glas der Kuchenvitrine. Die angebotenen Exemplare beeindrucken weniger durch filigrane Zierlichkeit als durch eine beachtliche Größe und Bauhöhe, vor allem der Sahne- und Cremetorten. So ist die *Odenwälder Punschtorte* mit ihrer Buttercreme und den in Alkohol eingelegten Kirschen eher nichts für Kalorienbewusste. Für diese empfehlen sich zum Beispiel die frischen und herrlich locker-leichten Joghurt-Törtchen.
Außerdem gibt es kleine Gerichte und Frühstücken ist auch möglich.

Café am Markt Knapp – Bäckerei, Konditorei (Hans Jürgen Knapp)
Marktplatz 5
68526 Ladenburg

Telefon 0 62 03 / 18 13 19

Öffnungszeiten	
Café	Di bis So 8–18 Uhr, Mo Ruhetag
Bäckerei und Kuchenverkauf	Di bis Sa 6.30–18 Uhr, So 8–18 Uhr, Montag geschlossen
Plätze	Circa 45 Plätze innen, 48 Plätze auf dem Marktplatz vor dem Haus
Preisniveau	eher günstig
Das Besondere	Authentizität und großes Angebot
Stil & Stimmung	Bodenständig
Draußensitzen	

7 Kaffeehaus Ladenburg

Gleich zwei Allrounder betreibt die K 3-Gastronomie GmbH, einen in Ladenburg, den anderen in Schriesheim. Am Marktplatz in der historischen Altstadt von Ladenburg in einem rustikalen Fachwerkhaus untergebracht, bietet das Kaffeehaus eine kulinarische Ganztagsversorgung vom spärlichen bis üppigen Frühstück über allerlei warme Gerichte sowie Kaffee und Kuchen am Nachmittag bis hin zu Cocktails und Longdrinks am Abend. Geniessen lässt sich das alles in einem trendig-modernen Ambiente mit Lounge-Charakter oder auf der einladenden, weitläufigen Marktplatzterrasse.

Kuchen: Täglich im Angebot sind mindestens acht Kuchen und Torten der bewährten Adresse in Hirschberg-Leutershausen, der Konditorei Erdmann (siehe S. 116).

Kaffee und Tee: Es gibt eine größere Auswahl an Kaffeespezialitäten, auch laktosefrei, und eine kleinere Teeauswahl, darunter auch offene Tees.

Außerdem: Suppen, Salate, Tapas & Fingerfood, Sandwiches und Wraps, Pasta und andere warme Gerichte, Desserts wie Großmutters

Apfelstrudel und diverse Crêpes und eine große Getränkeauswahl, darunter auch Cocktails und Longdrinks.

Allabendliche Happy Hour von 18–20 Uhr, sonntags bis 1 Uhr.

Kaffeehaus Ladenburg (K 3-Gastronomie GmbH)
Am Marktplatz 9
68526 Ladenburg

Telefon & Fax 0 62 03 / 79 57 38, www.kaffeehaus-ladenburg.de

Öffnungszeiten	Täglich 9–1 Uhr
Plätze	120 Plätze im Innenbereich, 250 auf der Terrasse
Preisniveau	mittel
Das Besondere	Rundumversorgung mit breit gefächertem Angebot
Stil & Stimmung	Trendy
Draußensitzen	

8 Kaffeehaus Schriesheim

Ähnliches gilt für das von derselben Firma und mit demselben Konzept betriebene Kaffeehaus in Schriesheim. Das in der Ortsmitte gelegene Kaffeehaus mit trendig-dunklem Interieur und schöner schattiger Terrasse ist auch hier mehr Bistro als Café. Auch in Schriesheim dominiert die Rundumversorgung mit Essen und Trinken. Das Kuchenangebot ist vergleichsweise klein, allerdings von guter bis sehr guter Qualität. Unter der Woche stammt es von der ortsansässigen Bäckerei Höfer, am Sonntag von der Konditorei Erdmann.

Kaffeehaus Schriesheim (K3-Gastronomie GmbH)
Heidelberger Straße 13
69198 Schriesheim

Telefon 0 62 03 / 60 08 68, www.kaffeehaus-schriesheim.de

Öffnungszeiten   Ebenfalls täglich 9–1 Uhr

Plätze   Im Innenbereich 120 Plätze, 200 auf der Terrasse

Ebenfalls mittleres Preisniveau und nahezu identische Speisekarte

Draußensitzen

Von der Terrasse des Burg-Gasthofs Strahlenburg hat man einen herrlichen Blick auf die Rheinebene und – bei günstigem Wetter – bis in die Pfalz. Die Burg, deren Ursprünge auf das 13. Jahrhundert zurückgehen, wurde im 19. Jahrhundert als romantisches Motiv von Malern, Zeichnern und Stechern entdeckt. Die Strahlenburg, heute beliebtes Ausflugsziel, ist auch literaturgeschichtlich interessant: Hier wurde 1810 Heinrich von Kleists Ritter-Schauspiel Das Käthchen von Heilbronn aufgeführt. Kaffee und Kuchen gibt es hier übrigens auch.

Burg-Gasthof Strahlenburg
Burgweg 32, 69198 Schriesheim, Tel. 0 62 03 / 9 57 47 15,
www.strahlenburg-schriesheim.de, Öffnungszeiten 01. 03.
bis 31. 12. 2012 täglich ab 11 Uhr durchgehend

9 Erdmann Hirschberg-Leutershausen

Seit 20 Jahren betreibt die Familie Erdmann das kleine Tagescafé mit angrenzender Hofterrasse in dem beschaulichen Hirschberg-Leutershausen. Seinem Anspruch, die moderne mit der klassischen Konditorei innovativ zu verbinden, wird Klaus Erdmann allemal gerecht. Das Kuchensortiment besticht mit eigenwilligen und ausgefallenen Kreationen, die aber nie die Bodenhaftung verlieren. Dass auf frische und regionale Zutaten Wert gelegt wird, ist kein Lippenbekenntnis, sondern zeigt sich an der Qualität der Produkte. So bilden zum Beispiel hochwertige Fruchtpürees die Basis für die Torten und das hausgemachte Eis. Erdmanns Kuchen und Torten sind, wie auch an ihrem kleineren Durchmesser ersichtlich, französisch angehaucht. Mit ihnen beliefert er zahlreiche Cafés und Bistros in der näheren und weiteren Umgebung. Erdmann ist Mitglied im *Conditorenring*, einem Verband von acht führenden Conditorei-Fachbetrieben aus ganz Deutschland. Der Ring qualitätsbewusster Conditorei-Cafés bürgt für hervorragende Qualität und erstklassigen Service.

Kuchenangebot: Das Kuchenangebot, die Creme-, Sahne- oder Obsttorten und die Dessertteilchen, ist qualitativ hervorragend, an Samstagen sogar überwältigend. Empfehlenswert sind unter anderem

die *Birnentarte mit Schokomousse* und die *Agnes-Bernauer-Torte*, eine Komposition aus Mandel-Buttercreme zwischen Japonais-Böden, oder die *Limetten-Haselnussmousse auf Pistazienböden*. Aber auch die Obstkuchen, wie der *Apfelrahmkuchen* sind einen Besuch des Cafés wert. Die Hausspezialität, der *Dänische Sonnenkranz*, ein flacher Hefekranz mit einer Mandel-Vanillecreme mundet nicht minder. Der *Hefegugelhupf mit Rosinen* ist schön saftig und hält sich mehrere Tage frisch. Die *Sachertorte* von Erdmann, für die Sie auf S. 218 ein Rezept finden, ist ebenfalls ein Genuss.

Kaffee & Tee: Größere Auswahl an Kaffeespezialitäten und Trinkschokoladen und umfangreiche Teekarte.

- Große Frühstückskarte mit ausgesuchten Zutaten von regionalen Betrieben.

- An die 20 Sorten hausgemachtes Eis, das ohne Stabilisatoren auskommt. Schöne Eisbecher.

- Daneben noch Pralinen, Cocktailgebäck und Canapés.

Außerdem: Kleine warme Gerichte wie Suppen, Toasts, Kartoffelpuffer, Quiche Lorraine und Königinpastete, kalte Snacks und Salate.

- Zweimal im Jahr findet in Hirschberg-Leutershausen das *Schlemmerkino* statt, das verschiedene Gastrobetriebe in Kooperation mit dem kommunalen Kino veranstalten. Hier ist Klaus Erdmann natürlich für das Dessert zuständig.

Erdmann – Conditorei, Café, Chocolaterie
(Monika und Klaus Erdmann)
Friedrichstraße 8
69493 Hirschberg-Leutershausen

Telefon 0 62 01 / 5 68 64, www.cafe-erdmann.de

Öffnungszeiten	Mo, Mi, Do, Fr: 9–18 Uhr, Sa 7–17 Uhr, Sonn- und Feiertage 10.30–18 Uhr, Dienstag Ruhetag
Plätze	Im Café 50 Plätze, auf der Hofterrasse 35
Preisniveau	mittel
Das Besondere	Üppiges und qualitativ besonders gutes Kuchenangebot
Stil & Stimmung	Aufgeräumt-modern
Draußensitzen	

10 Café am Markt Weinheim

Ansprechendes Café in einem Fachwerkhaus inmitten der histori-schen Altstadt. Am oberen Ende der kulinarischen Meile am Markt-platz Weinheims gelegen, direkt unterhalb der Katholischen Stadt-kirche St. Laurentius, locken im Sommer besonders die Plätze vor dem Haus, wo man unter einem riesigen Akazienbaum Platz nehmen und das Treiben auf dem Marktplatz der *Zwei-Burgen-Stadt* genießen kann.

Kuchen: Große Kuchenauswahl, täglich kann man unter 15 verschie-denen Kuchen und Torten und diversen Gebäckstücken wählen. Das Angebot wird von mehreren Konditoreien bezogen, schmeckt gut und ist frisch. Zu empfehlen ist im Sommer zum Beispiel die herrlich frische *Erdbeer-Buttermilch-Sahne*.

Außerdem gibt es eine große Frühstückskarte und kleinere Gerichte wie Suppen, Salate, Flammkuchen oder auch belegte Baguettes.

☕ Freundlicher routinierter Service.

Café am Markt (Dorit Schurzky)
Institutstraße 23 / Oberer Marktplatz
69469 Weinheim

Telefon 0 62 01 / 1 50 51

Öffnungszeiten	Täglich 9 bis circa 20 Uhr, je nach Wetter auch länger – kein Ruhetag
Plätze	ca. 70 Plätze im Haus, auf der Terrasse ca. 120
Preisniveau	mittel
Das Besondere	Schöner Beobachtungsposten für das Marktplatztreiben im Sommer
Stil & Stimmung	Locker-legere Atmosphäre
Draußensitzen	

11 Hutter im Schloss Weinheim

Die heutige Geschichte des Weinheimer Schlosses geht auf das 16. Jahrhundert zurück. 1547 floh der spätere Kurfürst Ottheinrich vor der Pest in Heidelberg mit seinem Hofstaat nach Weinheim und nutzte den 10 Jahre zuvor erbauten Nordwestflügel als Residenz. Im 18. Jahrhundert kam der Südflügel hinzu. Im folgenden Jahrhundert bauten die Freiherren von Berckheim das Schloss zu ihrem Stammsitz aus. Das Palais erhielt damals seine heutige Form. Seit 1938 befindet sich das Weinheimer Schloss mit dem angrenzenden Park im Besitz der Stadt, und seither ist auch die Stadtverwaltung in den Schlossgebäuden untergebracht. Das Restaurant im Erdgeschoss des Südteils des Schlosses wurde 2006 komplett saniert und restauriert, wobei die ursprünglichen Stuckarbeiten und auch der alte Eichenparkettboden freigelegt wurden. Nach dieser Sanierung übernahm Jan Hutter mit seinem Team die Lokalität, die im Gault-Millau als „Weinheims feinste Speiseadresse" bezeichnet wird. An den Schlosspark schließt sich der Weinheimer Exotenwald an, dessen Anlage ebenfalls auf den Freiherrn Christian Friedrich Gustav von Berckheim (1817–1889) zurückgeht. Das der Öffentlichkeit zugängliche *Arboretum* beherbergt insgesamt 400 Baum- und Straucharten, u. a. bis zu 60 m hohe Mammutbäume, eine einmalige Anlage in Deutschland.

Auf der großzügigen Terrasse mit Blick in den herrlichen Schlosspark lässt es sich gut bei einer Tasse Kaffee und einem Stück Kuchen verweilen. „*Italien beginnt in Weinheim!*", soll Goethe beim Blick von der Schlosssterrasse gesagt haben.

Kuchen & Torten: Kleines, aber feines Angebot an Kuchen und Torten aus der hauseigenen Konditorei. Die Spezialität des Hauses ist die *Schlosstorte*, eine gelungene Komposition aus Mandelböden mit leichter Nougatbuttercreme, karamellisierten Mandeln und Schokolade. Daneben gibt es auch mal einen einfachen Blechkuchen, aber auch Obstkuchen wie *Versunkener Aprikosen-* oder *Mandarinen-Schmand-Kuchen*. Unter den Torten findet sich eine feine *Mascarpone-Limetten Torte*, eine *Aprikosen-Sahne Torte* oder auch, etwas eigenwilliger, eine *Himbeer-Nougat Torte*.

Kaffee oder Tee: Gutes Kaffee- und Teeangebot, der Tee wird lose portioniert angeboten. Außerdem Trinkschokolade und Kaffeespezialitäten mit Alkohol.

Große Weinkarte mit über 50 Weinen im offenen Ausschank. Gut dazu die Tapas oder die Badischen Bissen.

Außerdem: Auf der Speisekarte sind Hauptgerichte, Suppen, Salate und verschiedene Menüs, unter den Getränken neben der großen Weinkarte auch Sekt, Champagner und ein großes Cocktail- und Longdrinkangebot.

Events: Jeden 1. Dienstag im Monat Livemusik mit wechselndem Programm (Jazz, Pop, Rock). Wechselnde Kunstausstellungen.

Insgesamt sehr entspannte Atmosphäre trotz Defizite im Service, der flotter und aufmerksamer sein könnte.

Hutter im Schloss – Restaurant – Bar – Konditorei (Jan Hutter)
Obertorstraße 9
69469 Weinheim

Telefon 0 62 01 / 99 55-0, www.hutter-im-schloss.de

Öffnungszeiten	Täglich (auch Feiertage) 12–1 Uhr – kein Ruhetag
Plätze	120 Plätze innen, 200 Plätze auf der Schlossterrasse

Mittleres bis gehobenes Preisniveau

Das Besondere	Herrschaftlicher Blick in den Schlosspark
Stil & Stimmung	Gepflegt-stilvoll
Draußensitzen	🌴 🌴 🌴

12 Orchidee Birkenau-Hornbach

Am Dorfrand gelegenes Ausflugscafé: Eine besondere Adresse für Orchideen- und Papageienliebhaber sowie für Familien mit Kindern, aber absolut nichts für Besucher mit einer Pflanzen- oder Tierphobie. Denn der Gast sitzt hier bei Kaffee und Kuchen zwischen blühenden Orchideen und in der Nähe exotischer Kakadus und Äffchen. Ein Teilbereich des Treibhauses der Orchideenzucht der Familie Netzer wurde nämlich in den Cafébetrieb integriert. In dem feucht-warmen Treibhausklima sind vorzugsweise die Teilnehmer von Busgesellschaften untergebracht, wo sie auf Plastikstühlen bei Kaffee und Kuchen Vorträgen über die Zucht und Pflege von Orchideen lauschen können. Für ein gemütlicheres Kaffeetrinken ist man besser im eigentlichen Caféraum aufgehoben. Eine große Spielwiese mit Spielplatz auf dem Gelände vor dem Haus und ein Streichelzoo erfreuen Kinderherzen.

Kuchen: Üppiges Angebot an Sahne- und Cremetorten und an gebackenen Kuchen, die von der Chefin, einer ambitionierten Hobbykonditorin, selbst hergestellt werden. Die auffallend hohen und opulenten Torten sind sehr frisch und dazu noch zu einem unschlagbaren Preis zu haben. Die Spezialität des Hauses ist der *Odenwälder Apfel-*

weinkuchen. Auch der *Apfelstrudel* und die Klassiker, die im Sortiment auch nicht fehlen, wie zum Beispiel die *Malakoff-Torte* sind auch mehr als nur genießbar. Bemerkenswert: Die Sahne kommt nicht aus der Sprühbombe, sondern als schöne große Tuffs aus der Sahnemaschine.

Außerdem: Kaffee- und Trinkschokoladespezialitäten mit und ohne Alkohol und größere Auswahl an Tees, die jedoch auf der Terrasse, im Gärtnerei-Bereich und bei Busgesellschaften nur im Kännchen serviert werden.

- An herzhaften Speisen gibt es Suppen, Toasts, belegte Brote und *Odenwälder Vesper*.

- Reger Außerhausverkauf.

- Achtung: Busse! – es kann schnell sehr voll werden. Und bei Vollbesetzung herrscht ein enormer Geräuschpegel.

- Der Service ist freundlich, kommt aber bei hoher Besucherzahl deutlich an seine Grenzen.

Café Orchidee (Heidrun und Martin Netzer)
Ortsstraße 138
69488 Birkenau-Hornbach

Telefon 0 62 01 / 39 30 16, www.netzer.de

Öffnungszeiten

Café	tägl. von 14–19 Uhr, So ab 13 Uhr, Mo und Di Ruhetag Mai bis September zusätzlich jeden Fr ab 19 Uhr (Grillabend) Eventuell abweichende Öffnungszeiten in der Urlaubszeit oder an Feiertagen sind über die Homepage zu erfahren.
Orchideenzucht	Mo von 10–12 Uhr – Nachmittag geschlossen Di bis Fr von 10–12 Uhr und von 14–18 Uhr, Sa von 10–12 Uhr und von 14–17 Uhr, So von 15–17 Uhr
Plätze	60 Plätze im Caféraum, 100 Plätze im Pflanzen-haus und circa 60 Plätze im Freien
Preisniveau	günstig
Das Besondere	Kaffee & Kuchen zwischen Orchideen und Papageien
Stil & Stimmung	Pflanzig-tierisch-gut
Draußensitzen	

13 Fachwerkstube Heppenheim

Im Juni dieses Jahres feierte die Fachwerkstube ihr 25-jähriges Bestehen. Die Leitung des in einem Fachwerkbau untergebrachten Café-Restaurants liegt seit 19 Jahren bei Frau Köhler. Das anheimelnde Interieur mit viel Holz, kleinen Scheiben, hübschen Vorhängen, rustikalen Tischen und Stühlen ändert sich allerdings im Laufe des Jahres mehrmals: Frau Köhler dekoriert mehrfach um. Die Deko, die das Interieur bestimmt, steht dann auch zum Verkauf.
Frau Köhlers Passion gilt jedoch nicht nur der Deko, sondern auch dem Backen und Kochen. Sie legt Wert darauf, ausschließlich naturbelassene Produkte in Küche und Backstube zu verwenden. Alle Gerichte und Kuchen sind daher saisonnah, Tiefkühl-Ware kommt laut ihrer Aussage nicht zum Einsatz.

Kuchen & Torten: Unter der Woche stehen täglich acht bis zehn Kuchen und Torten zur Auswahl, am Wochenende mehr. Die gebackenen Kuchen, wie Obst- u. Käsekuchen usw., sind hausgemacht und ohne jegliche Zusatzstoffe. Die Creme- und Sahnetorten werden von einer kleinen Konditorei bezogen. Die Kuchen sind frisch und qualitativ gut.
Kaffee & Co: Das Kaffeeangebot ist gut, sehr zu empfehlen ist der *Chococcino*, ein Kaffee mit Schokolade.

Außerdem: Umfangreiche Frühstückskarte und größere Speisekarte, darunter auch Odenwälder Spezialitäten wie *Handkäse* oder *Kochkäse mit Musik*, Salatkarte mit hauseigenem Dressing.

Fachwerkstube (Angelika Köhler)
Graben 16
64646 Heppenheim

Telefon 0 62 52 / 32 33, www.fachwerkstube.de

Öffnungszeiten	Mo 10–14 Uhr, Di bis So 10–17 Uhr, Freitag Ruhetag
Plätze	120 Plätze innen, 20 Sitzgelegenheiten vor dem Haus an der Straße
Preisniveau	mittel
Das Besondere	Besonderes Ambiente im Fachwerkstil
Stil & Stimmung	Rustikal-gediegen
Draußensitzen	

14 Chocolaterie Neckargemünd-Dilsberg

Seit über zehn Jahren betreibt Eva Heß in unmittelbarer Nachbarschaft zur Burgruine Dilsberg das kleine Ladengeschäft mit Café im Gasthaus „Zur Burg". Die Chocolaterie auf dem Dilsberg ist längst ein Geheimtipp für Schokoholics und ein heimeliger Ort zum Probieren und Verweilen. Vor allem im Winter kann man es sich in den liebevoll gestalteten Räumen mit den niedrigen Decken und den schweren Holzmöbeln bei Kaffee, heißer Schokolade und Kuchen richtig gemütlich machen. Die große Palette der hergestellten Köstlichkeiten, Kuchen, Trüffeln, Pralinen, Tafelschokoladen und vieles mehr, ist von bester Qualität – kein Wunder, denn die Konditormeisterin verarbeitet ausschließlich Rohstoffe von *Valrhona*, der herausragenden Schokoladenmanufaktur in Tain L'Hermitage in Frankreich.

Eva Heß, die schon als Chef-Patissière in der Traube Tonbach für Harald Wohlfahrt gearbeitet hat und aus einigen Radio- und TV-Auftritten (SWR-Fernsehsendung „Kaffee oder Tee") bekannt ist, verzichtet bewusst auf Wachstum – zugunsten einer gleichbleibend guten Qualität. Wer Lust hat, ihre Leckereien zu kosten, sollte unbedingt diese Chocolaterie mit ihrem individuellen Flair und den herrlich frischen Schokoladenträumen besuchen.

Kuchen & Co: Täglich im Angebot sind vier verschiedene Kuchen, am Wochenende sind es mehr. Das Standardangebot umfasst einen saisonalen Obstkuchen und eine *Linzertorte*. Immer zu haben ist auch eine *Schokoladensahnetorte*, eine ausgesprochen gute Komposition aus einem Schokoladenbiskuit mit zwei Schichten herrlich zarter Schokomousse und einem mit einer Trüffelpraline gekrönten Sahnetuff. Ganz oben auf der Karte steht der Klassiker von Eva Heß, das *Délice au chocolat*, ein warmer Schokoladenbiskuit mit Vanillesoße und einem Kompott von Früchten der Saison.

Kaffee oder Schokolade: Das Angebot an Trinkschokoladen, ebenfalls von der Edelmarke *Valrhona*, ist umfangreich, das Kaffeeangebot dagegen übersichtlich. Tee (*Kusmi Tea*) gibt's natürlich auch. Außerdem kann man *Eiskaffee* und *Eisschokolade* genießen.

☕ Hervorragendes Trüffelsortiment, das jeweils der Saison angepasst wird. Die Trüffelfüllungen werden grundsätzlich ohne Zusatz von Konservierungsstoffen hergestellt. Daneben ist eine Vielzahl an handgegossenen Tafelschokoladen und hausgemachten Konfitüren aus Früchten der Saison im Angebot.

Außerdem gibt es im herzhaften Bereich eine saisonale Suppe, die

mit einer hausgemachten Brioche gereicht wird, zwei verschiedene Pizzen und einen Flammkuchen nach Art des Hauses (mit Lauch, Zwiebeln und Speck) oder auch eine Kartoffel mit Bärlauchpesto.

☕ Praktisch jedes Jahr findet in der Chocolaterie auf dem Dilsberg ein Schokoladenfest statt, zu dem Gäste sogar aus Frankreich, Holland und Italien anreisen.

Ein Rezept für einen saisonalen Obstkuchen, einen Rhabarberkuchen à la Eva Heß, finden Sie auf S. 214.

Chocolaterie im Gasthaus „Zur Burg" (Eva Heß)
Obere Straße 12
69151 Neckargemünd-Dilsberg

Telefon 0 62 23 / 86 47 48, www.das-beste-zum-schluss.com

Öffnungszeiten	Verlässliche Kernöffnungszeiten: Mi bis Sa 13–18 Uhr. Alles Abweichende – auch Sonn- und Feiertage betreffend – auf der Homepage oder über den Anrufbeantworter zu erfahren. Jährliche Betriebsferien: 2 Wochen nach Heilige-Drei-Könige im Januar und 3 Wochen im August.
Plätze	55 Plätze insgesamt – davon 30 im Erdgeschoss und 25 im Raum darüber
Preisniveau	mittel bis gehoben
Das Besondere	Schokoladenträume unter der Burg
Stil & Stimmung	Gemütlich-individuell

15 Viktoria Eberbach

Großzügig angelegtes Traditionscafé mit klassischer Kaffeehausatmosphäre, das seit vier Generationen im Besitz der Familie Strohauer geführt wird. Der Gast sitzt hier in einem modern-sachlichem
Ambiente oder in betont traditioneller Einrichtung auf „königlichem"
Streifenstoffbezug unter goldenen Kronen. Sitzgelegenheiten gibt es
auch an der Straße vor dem Haus, idyllischer im Sommer sind jedoch
die Plätze auf der Gartenterrasse. Hier thront Queen Victoria auf einem riesigen Gemälde an der Wand. Unschön in dieser Idylle sind
allerdings die großen Brauereischirme und das Plastikmobiliar.

Die Spezialität des Hauses sind Tortenkreationen für gekrönte
Häupter wie die *Lieselotte von der Churpfalz-Torte*, die *Königin Sil-
via-Torte* oder die *Schwedische Hochzeitstorte Victoria & Daniel*. Aktu-
ell: die *Hochzeitstorte für William & Kate*, die zur Vermählung an das
englische Königshaus geschickt wurde. Aber auch nichtkönigliche,
sondern „nur" prominente Persönlichkeiten werden mit Kreationen
des Hauses Viktoria geehrt. Da gibt es zum Beispiel die *Boris-Becker-
und-Steffi-Graf-Torte* oder die *Timo-Bracht-Torte* für den Eberbacher
Triathlon-Europameister von 2009. Allen voran natürlich die Torte,
die dem Café seinen Namen gab: Die *Viktoria-Torte*, die vom Wissen-

schaftsmagazin Galileo 2011 als beste Torte Deutschlands ausgezeichnet wurde.

Alle Tortenspezialitäten können nicht nur vor Ort genossen oder im Laden gekauft, sondern auch online bestellt werden. Man ist hier auf Tortenversand im großen Stil spezialisiert – es wird sogar weltweit geliefert.

Kuchen & Torten: Hervorragende Kuchen und Torten, nach feinster deutscher Konditorenkunst hergestellt. Als eine unter vielen ist die *Himbeer-Schokoladensahne-Torte* mit ihrem saftigen Schokobiskuit, der zarten Schokoladensahne und dem Belag aus frischen Himbeeren zu empfehlen. Ebenso leicht und locker kommt die *Cappuccino-Sahne-Torte* daher.

Die *Viktoria-von-Eberbach-Torte*, benannt nach der Schwedischen Königin Viktoria, ist eine Erfindung des Konditormeisters Heinrich Strohauer III. aus dem Jahr 1962. Die Torte besteht aus einem Schokoladenbiskuit und einer Orangenmousse aus Zitrone, Weißwein, Marzipan und Sahne, die von hellen Biskuitrouladen-Scheiben umhüllt und von einem Fruchtgelee überzogen ist. Im Viktoria-Café bekommt man sie wahlweise mit einem *Grand-Marnier-Topping* serviert oder in der halbgefrorenen Version am Tisch flambiert.

Kaffee und Tee: Umfangreicheres Kaffee-, Tee- und Trinkschokoladenangebot.

☕ Große Eiskarte, außerdem Kleingebäck, Pralinen und Trüffeln.

☕ Ausgesprochen große Frühstückskarte, optional à la carte oder vom Frühstücksbuffet.

☕ An Deftigem gibt es im Viktoria neben saisonabhängigen Gerichten auch belegte Brote, Flammkuchen, Pfannkuchen, Suppen, Salate und Toasts.

Das Rezept zu einem *Himbeer-Cake* aus dem Hause Viktoria finden Sie auf S. 166.

Inhaberin Birgit Strohauer-Valerius mit Sohn Florian
und Tochter Susanne

Die Viktoria-von-Eberbach-Torte

Café Viktoria (Birgit Strohauer-Valerius)
Friedrichstraße 5–9
69412 Eberbach

Telefon 0 62 71 / 20 18, www.cafe-viktoria.de

Öffnungszeiten	Mo bis Sa von 6.30–18.30 Uhr, So + Feiertag von 6–18.30 Uhr
Plätze	120 Plätze im Café, 80 Plätze auf der Hof- bzw. Gartenterrasse und 40 Plätze vor dem Haus an der Straße
Preisniveau	insgesamt mittel
Das Besondere	Gekrönte Torten im Traditionscafé
Stil & Stimmung	Klassisch-gediegene Kaffeehausatmosphäre
Draußensitzen	🌴 🌴

16 Hausbäcker's Café Stüble Eberbach

Winziges, direkt an der Stadtmauer gegenüber dem Neckar gelegenes Café, das mit viel Liebe zum Detail eingerichtet wurde. Es sitzt sich gut auf den sonnenbeschirmten, gemütlichen Plätzen an der Eberbacher Neckarpromenade. Von hier aus hat man einen freien Blick auf den Fluss, genießt allerdings auch die Autogeräusche der nahen Uferstraße. Sympathische Adresse für Biker, die sich hier ihre Trinkwasserflaschen kostenlos mit Eberbacher Quellwasser auffüllen können. Diesen Service gibt es übrigens auch in der Dépendance des Café Stüble, im *Coffee and more* in der Passage am Neuen Markt.

Kuchen: Das Kuchenangebot umfasst verschiedene Torten, darunter Klassiker wie *Schwarzwälder Kirschtorte* und *Linzertorte*, außerdem Käsekuchen nach Art des Hauses und saisonale Obstkuchen. Der absolute Hit aber ist der *Apfelstrudel*: Ein hauchdünner Strudelteig umhüllt eine sehr aromatische und saftige Apfelfüllung. Der Strudel wird wahlweise mit einer sehr guten Vanillesoße, mit Vanilleeis oder mit Sahne oder mit allem zusammen serviert. Die Äpfel für die Füllung schält und schneidet der 81-jährige Seniorchef in der Backstube selbst.

☕ Sehr freundlicher Service.

Hausbäcker's BikePoint. Vom Junior-Chef, einem begeisterten Biker, eingerichtete Service-Station für Sportkollegen, die hier nicht nur kostenlos Trinkwasser für ihre Flaschen, sondern auch Hilfe bei Radpannen erhalten. Ein Reparaturset und eine Standpumpe stehen bei Bedarf zur Verfügung, und für „harte Fälle" sind verschiedene Ersatzschläuche, Gels, Riegel und Trinkflaschen im Angebot. Das leuchtend-orange Schild an der Hauswand weist auf diesen Service hin.

Hausbäcker's Café Stüble (Kurt und Christian Beisel)
Rosengasse 9
69412 Eberbach

Telefon 0 62 71 / 27 77

Öffnungszeiten	
Bäckerei	täglich 5–18 Uhr
Café	ab 10 Uhr bei schönem Wetter, ab 11 Uhr bei schlechter Wetterlage, sonntags ab 12 Uhr geöffnet
Plätze	An der Stadtmauer 32 Plätze, innen 13 Plätze
Preisniveau	günstig
Das Besondere	Der beste Apfelstrudel weit und breit
Stil & Stimmung	Bodenständig-authentisch
Draußensitzen	

17 Ralf's Backstube Eberbach-Pleutersbach

Nettes Tagescafé mit idyllischer Gartenterrasse direkt an der Orts-
durchfahrt von Pleutersbach in Richtung Allemühl. Der helle, licht-
durchflutete Gastraum mit viel Glas geht in eine kleine Terrasse über,
wo man im Grünen sitzt, aber dennoch die Straße im Auge hat. In
dem kleinen freundlichen Verkaufsraum, in dem die ganzen Backwaren aus eigener Herstellung in einer großen Theke präsentiert werden, herrscht ein reges Kommen und Gehen. Die Betreiber, Frau und
Herr Lutzki, sind beide vom Fach und stellen ihre Ware nach traditionellen Backmethoden und hauseigenen Rezepten her. Eine sympathische Adresse, die einen Abstecher lohnt. Es ist nur schade, dass
das Café über die Mittagszeit geschlossen hat.

Kuchen: Breitgefächertes Spektrum an etwas rustikaleren Mürbeteigkuchen. Klassiker wie die *Schwarzwälder Kirschtorte* gibt es natürlich
auch, außerdem andere Sahnetorten wie die *Joghurt-Sahne mit Erdbeeren*, die durch ihrer Frische besticht. Am Wochenende ist das Kuchenangebot deutlich größer. Die Favoriten sind der *Rhabarber-Bai-
ser-Kuchen*, der *Johannisbeer-Nuss-Baiser*, der *Marzipan-Kirsch-Kuchen*
und der *Käsekuchen*. Markenzeichen: Große Kuchenstücke und sehr
günstige Preise.

☕ Angemessenes Kaffeeangebot (von IO) und umfangreichere Teekarte.

☕ Sehr beliebt ist das Frühstück. Reservierung wird empfohlen.

☕ Bemühter, aber oft leicht gestresster Service.

Ein Rezept der Familie Lutzki für einen raffinierten, aber leicht zu backenden *Rhabarberkuchen mit Kokosbaiserhaube* finden Sie auf S. 210.

Ralf's Backstube Café – Konditorei – Bäckerei (Familie Lutzki)
Allemühlerstraße 2
69412 Eberbach-Pleutersbach

Telefon 0 62 71 / 37 60

Öffnungszeiten	Mo, Di, Do u. Fr 6.30–12.30 Uhr und 15–18 Uhr, Mi 6.30–12.30 Uhr, Sa 6.30–18 Uhr, So 13–18 Uhr
Plätze	Circa 35 bis 40 Plätze innen, etwa 30 auf der Terasse
Preisniveau	günstig
Das Besondere	Helles kleines Tagescafé mit Bäckerei in dörflicher Umgebung
Stil & Stimmung	Ländlich-sittlich mit vielen Ausflüglern
Draußensitzen	🌴🌴

18 Die Träumerei Michelstadt

2006 kaufte die Schauspielerin Jessica Schwarz das 1623 erbaute, mit Holzschindeln verkleidete Fachwerkhaus in ihrer Heimatstadt Michelstadt und ließ es unter denkmalschutzbaulichen Aspekten sanieren und renovieren. Im August 2008 eröffnete sie mit ihrer Schwester Sandra in dem Haus, das über 30 Jahre leer stand und langsam zerfiel, nach zweijähriger Renovierungszeit ein Hotel und ein Café. Den Gast erwartet ein modernes und zugleich gemütliches Ambiente in hellen Räumen mit harmonischer Farbgestaltung und dem unverwechselbaren Charme alter Fachwerkmauern. Der Außenbereich, wo es auch einige Sitzplätze gibt, ist der Jahreszeit entsprechend mit allerlei Accessoires liebevoll dekoriert. Eine charmante, locker-freundliche Atmosphäre und ein qualitativ überzeugendes Angebot – mithin eine Adresse, die zusammen mit dem Städtchen einen kleinen Umweg oder einen größeren Ausflug lohnt.

Kuchen & Co: Täglich wechselndes Angebot an drei bis vier selbstgebackenen Kuchen. Dazu kommen einige Kuchen aus einer örtlichen Landbäckerei, die nur mit naturbelassenen Zutaten arbeitet. Am Wochenende ist das Angebot größer. Da kommt auch mal eine Sahnetorte in die Kuchentheke, die ebenfalls von der Landbäckerei bezogen wird. Eine Besonderheit ist der sog. *Glückskuchen,* der unter einer Streuseldecke als Überraschung immer eine andere Füllung bietet.

Kaffee und Tee: Tee aus biologischem Anbau, in der Kanne serviert. Die Trinkschokoladen der Edelmarke *Becks Cocoa* werden mit Bio-milch zubereitet.

Tipp: Empfehlenswert sind die im Winter frisch nach verschiedenen Rezepten gebackenen Waffeln.

☕ Ebenfalls zu empfehlen sind die selbstgemachten *Smoothies* aus frischen Früchten.

☕ Frühstücksmöglichkeit für Langschläfer bis 15 Uhr.

Außerdem gibt es ein täglich wechselndes Angebot an Suppen, Sala-ten, Focaccias, Paninis und Ciabattas. Auch möglich: Ein Gläschen Moët & Chandon – zum entsprechenden Preis, versteht sich.

Ein Käsekuchenrezept der Träumerei, *Käsekuchen Gisela*, finden Sie auf S. 180.

Die Träumerei – Designhotel und Café
(Jessica und Sandra Schwarz)
Obere Pfarrgasse 3
64720 Michelstadt

Telefon 0 60 61 / 70 33 33, www.die-traeumerei.com

Öffnungszeiten	Mo bis Fr 8–18 Uhr, Sa und So 9–18 Uhr
Plätze	24 Plätze innen, weitere 24 vor dem Haus
Preisniveau	günstig bis mittel
Das Besondere	Café im Fachwerk-Designhotel
Stil & Stimmung	Geschmackvoll-leger
Draußensitzen	🌴🌴

19 Excellent Sinsheim

Im Zentrum an der Hauptstraße, direkt gegenüber der Fußgängerzone gelegenes zweistöckiges Traditionscafé mit einem reichhaltigen
und guten Kuchen- und Tortenangebot. Die Sitzgelegenheiten verteilen sich auf vier atmosphärisch und stilistisch verschiedene Be-
reiche, die jedoch nicht alle gleichermaßen gelungen sind: Im Erdgeschoss auf einen rückwärtigen sog. Loungebereich und einige Plätze
zum Fenster hin seitlich der Kuchentheke, im Obergeschoss auf zwei
Räume, die so wohlklingende Namen wie *Feng-Shui-Zimmer* und
Rosenzimmer haben. Sitzgelegenheiten gibt es auch seitlich am Haus
entlang in einer relativ dunklen Gasse.
Andreas Bellem, der noch ein weiteres Café in Neckarsulm betreibt,
produziert seine Ware in seiner Exzellent-Confiserie in Sinsheim-
Dühren. Hier entstehen die Kuchen und Torten, die Trüffeln und
Pralinen, die Bruchschokoladen und – seit 1998 – auch das *Ewald
Liedtke Original Königsberger Marzipan.*

Kuchenangebot: Täglich sehr gutes Angebot an frischen Torten- und
Kuchenspezialitäten. Der *Erdbeerkuchen* beispielsweise mit seinem
feinen Mürbeboden, der Lage Biskuit, der feinen Crème Bavaroise
und Erdbeeren, ist eine Sünde wert. Auch die *Maronensahne* ist hervorragend. Und die Kuchenteller sind sehr schön arrangiert.

☕ Kaffeehausklassiker wie *Apfelstrudel*, *Kaiserschmarrn*, *Germ-* und *Marillenknödel* und *Schokoladenfondue* mit frischen Früchten stehen ebenfalls auf der Karte.

Kaffee & Tee: Kleinere Auswahl an guten Kaffeespezialitäten und Tees, frisch aufgebrüht im Kännchen, und verschiedene Trinkschokoladen. Die Kaffeebohnen bezieht Bellem von einer Privatrösterei in Heilbronn, deren Qualität schon mehrfach prämiert wurde.
Tipp: Wer kräftigen Espresso und dunkle Schokolade liebt, sollte den *Espresso-Schoko* probieren.

☕ Großes und gutes Confiserieangebot.

☕ Umfangreiche Frühstückskarte, sonntags Gourmet-Frühstücksbuffet.

Außerdem: Kleine Gerichte wie Suppen, Salate und Toasts und ein täglich wechselndes Tagesgericht.

☕ Freundlicher, aber mitunter etwas schleppender Service.

Excellent – Chocolaterie & Kaffeehaus (Andras Bellem)
Hauptstraße 99
74889 Sinsheim

Telefon 0 72 61 / 9 49 53 64, www.chocolaterie-kaffeehaus.de

Öffnungszeiten	Mo bis Fr 9–19 Uhr, Wochenende und Feiertag 9–18 Uhr
Plätze	Circa 70 Plätze innen und 32 Plätze in der Gasse neben dem Haus
Preisniveau	mittel
Das Besondere	Gutes Kuchenangebot in traditionell-modernem Ambiente
Stil & Stimmung	Gedämpft-gediegen
Draußensitzen	🌴

Rezepte

Ich war bereits als Kind am Backen interessiert und sammle auch seit dieser Zeit Rezepte. Unter anderem finden sich in meiner Rezeptsammlung Kuchenideen der Mütter und Omas meiner ältesten Freundinnen. Auch während meiner Studienzeit in Heidelberg habe ich weiter fleißig Rezepte gesammelt – Rezepte von Kuchen, die ich bei Studienkolleginnen und -kollegen und deren Familien probiert habe, oder in deren Genuss ich bei anderen Gelegenheiten und Begegnungen gekommen bin. Und wenn mir ein Kuchen besonders schmeckte, habe ich nie vergessen, nach dem Rezept zu fragen und war auch meist erfolgreich. Einige der Rezepte, die ich für dieses Buch ausgewählt habe, stammen also aus meiner persönlichen Rezeptsammlung. Ergänzt habe ich diese Auswahl durch Kuchenkreationen, die ich dem einen oder anderen Cafébesitzer abtrotzen konnte. Das war nicht immer ganz einfach – und erforderte mitunter hartnäckiges Bitten und Nachfragen. Aber darin bin ich ja geübt (s. o.)

Zu den Rezepten, die mir freundlicherweise von Cafés für dieses Buch überlassen wurden, ist folgendes zu sagen: Die Mengenangaben in Profirezepten sind für einen Privathaushalt meist zu groß, oder sie sind – etwa bei der Verwendung von Eiern (s. u.) – in einem normalen Haushalt wenig praktikabel. Zuweilen werden auch Produkte verwendet, die im Einzelhandel nicht erhältlich sind. Daher habe ich diese Rezepte, was die Mengenangaben und die Zutaten betrifft, entsprechend abgeändert, das heißt, an die Bedingungen eines Privathaushaltes angepasst. Unter anderem habe ich für einige Zutaten, die sehr konditoreispezifisch und im Einzelhandel nur schwer oder gar nicht zu bekommen sind, sinnvolle Alternativen angegeben. Alle Kuchen in diesem Buch habe ich wie in den Rezepten beschrieben – zum Teil mehrmals – probegebacken.

Hier ein paar Grundlagen, die Ihnen helfen sollen, die Rezepte erfolgreich umzusetzen

▶ **Die Waage** – Wichtigstes Utensil beim Backen ist die Waage, genaues Abwiegen ist ein absolutes Muss. Am besten ist die Verwendung einer guten digitalen Küchenwaage, die sowohl im Gramm- als auch im Kilobereich exakt wiegt. Hilfreich für das grammgenaue Abwiegen von kleinen Mengen, z.B. bei Gewürzen, kann auch eine kleine elektronische Briefwaage sein.

Für alle, die keine Möglichkeit haben, kleine Mengen grammgenau abzuwiegen, werden in den Rezepten die Mengen mit Esslöffel (EL) bzw. Teelöffel (TL) und in Gramm angegeben. Für die am häufigsten verwendeten Grundzutaten finden Sie eine Umrechnungstabelle für die weniger exakten Maßangaben EL oder TL in Gramm.

▶ **Mehl**. Die besten Eigenschaften zum Kuchenbacken hat Weizen-auszugsmehl vom Typ 405. Daher wurde bei allen Rezepten in diesem Buch dieses Mehl verwendet.

▶ **Die Größe der Eier** spielt ebenfalls eine wichtige Rolle. Es gibt Eier der unterschiedlichsten Größe, vom kleinen Ei, das laut EU-Gewichtsklasseneinteilung von 1996 unter 53 g wiegt [Klasse S] bis hin zum Riesen-Ei mit 73 g Gewicht und mehr [Klasse XL]. Dass diese Unterschiede auf die Teigbeschaffenheit Einfluss haben, versteht sich von selbst. Profis machen daher üblicherweise keine Angaben zur verwendeten Anzahl von Eiern, sondern geben die Mengen von Eigelb, Eiweiß und ganzen Eiern (Vollei) in Gramm an.
Da dieses Buch nicht für Konditoren bestimmt ist, habe ich die erforderlichen Eigelb-, Eiweiß- und Volleimengen an das Gewicht von Eiern der Größe M angepasst. In einigen wenigen Rezepten war es jedoch sinnvoll, das Eigelb und das Eiweiß getrennt abzuwiegen. In diesen Fällen habe ich notiert, mit wie viel Eiern der Größe M Sie rechnen müssen, um die entsprechenden Mengen zu erhalten.
Ansonsten wurden in allen Rezepten dieses Buches Eier der Größe M [Klasse M = Mittel] verwendet, deren Gewicht zwischen 53 und 63 Gramm liegt.

▶ **Der Herd**. Ich habe in einem Elektroherd mit konventioneller Beheizung, das heißt nur mit *Ober- und Unterhitze*, gebacken. Falls Sie mit *Umluft* backen, benötigen Sie etwa 10 bis 20 Prozent weniger Hitze als im konventionell beheizten Ofen. Damit Ihre Arbeit gelingt, beachten Sie bitte in diesem Zusammenhang auch die Angaben des Herstellers Ihres Ofens. Aufgrund der individuellen Abweichungen der einzelnen Herde sind die Backzeiten oft mit Von-bis-Angaben gemacht.

▶ **Ein letzter Tipp:** Es ist sinnvoll, das Rezept vor Arbeitsbeginn genau durchzulesen und alle Zutaten, möglichst schon abgewogenen, bereitzustellen – mit Ausnahme jener Zutaten natürlich, die kalt verarbeitet werden sollen (etwa kalte Butter für die Herstellung eines Mürbeteigs). So hat man den Überblick und alles sofort zur Hand, wenn es in einem Arbeitsgang einmal schnell gehen muss. Aus diesem Grunde habe ich auch die Zutaten in den Rezepten in der Reihenfolge aufgeführt, in der sie verarbeitet werden.

Jetzt bleibt mir nur noch, Ihnen mit meiner kleinen, erprobten und verlässlichen Rezeptsammlung viel Freude zu wünschen! Ein selbst gebackener Kuchen ist immer etwas Besonderes: sein anheimelnder Duft zieht durch das Haus, Backen macht Laune und bringt Freunde. Auch in diesem Sinne wünsche ich Ihnen gutes Gelingen!

Brombeerkuchen

Menge für eine **Spring- oder Margarethenform 26 cm Ø**

Schwierigkeit: leicht – schwieriger – anspruchsvoll

Zeitaufwand ohne Wartezeiten, Kochen, Backen: 40 Minuten

Zubereitung

▶ Die **Brombeeren** verlesen, möglichst nicht waschen, höchstens leicht abbrausen, mit dem Zucker bestreuen, leicht vermischen und beiseite stellen.

▶ Den Backofen auf **180 °C vorheizen**, den Rost auf der **zweiten Schiene von unten** einschieben. Die Form fetten und dünn mit Mehl ausstäuben; überschüssiges Mehl wieder herausklopfen.

▶ Die Hälfte des Zuckers mit dem Eigelb in einer großen Rührschüssel hell-schaumig aufschlagen.

▶ Das gemahlene Weißbrot mit dem Brombeerlikör vermischen, die gemahlenen Mandeln, den Schalenabrieb und das Zimtpulver zugeben, alles vermischen und zur Eigelb-Zucker-Masse geben, unterrühren.

▶ Das Eiweiß mit der Prise Salz steif schlagen, die zweite Hälfte des Zuckers einrieseln lassen und weiterschlagen, bis der Schnee eine cremig-steife Konsistenz hat.

Zutaten

500 g frische Brombeeren, alternativ: 600 g TK-Brombeeren
75 g Zucker

150 g feiner Zucker
6 Eigelb

125 g trockenes Weißbrot, fein gemahlen
4 EL Brombeerlikör (40 g)
125 g Mandeln, gemahlen

½ TL Schalenabrieb einer unbehandelten Zitrone
1 gestrichener TL Zimtpulver (2 g)

6 Eiweiß
1 Prise Salz

nach Belieben Puderzucker zum
Überstäuben

Außerdem
Butter und Mehl für die Form

▶ Etwa ⅓ des Eischnees mit einem Teigspatel unterheben.
   Hinweis: Das ist etwas schwierig, da die Teigmasse sehr kompakt
   ist. Um den restlichen Eischnee locker unterheben zu können, ist
   es wichtig, das erste Drittel sehr sorgfältig einzuarbeiten.
   Dann den restlichen Eischnee unterheben.
▶ Die Hälfte des Teigs in der Form verteilen, die abgetropften Brom-
   beeren darauf geben und den restlichen Teig darüberstreichen.
▶ Den Kuchen circa **45 Minuten** backen. Am Ende der Backzeit die
   Stäbchenprobe* machen.
▶ Den Kuchen aus dem Ofen nehmen, noch 10 Minuten in der Form
   stehen lassen. Dann zum Abkühlen auf ein Kuchengitter stürzen.
▶ Nach Belieben vor dem Servieren leicht mit Puderzucker überstäu-
   ben.

* Die Stäbchenprobe: Die Stäbchenprobe machen Sie,
indem Sie ein dünnes Holzstäbchen, etwa einen Schasch-
likspieß, in die höchste Stelle des Kuchens senkrecht bis
zum Formboden durchstechen. Wenn beim Herausziehen
kein Teig daran kleben bleibt, ist der Kuchen fertig. Im anderen Fall braucht der Kuchen noch einige Minuten.

Gefüllter Hefekranz

Menge für eine **Springform 28 cm Ø**
und als Schlot ein **feuerfestes Glas mit circa 8 cm Ø**
oder eine **Ringform in entsprechender Größe**
Schwierigkeit: einfach – erfordert etwas Geschick – anspruchsvoll
Zeitaufwand ohne Wartezeiten, Kochen, Backen: 1 Stunde 15 Minuten

Zubereitung

Bei Hefeteigen, die mit **frischer Hefe** zubereitet werden, ist es ganz wichtig, dass alle **Zutaten leicht erwärmt** sind, zumindest Zimmertemperatur haben.
Also: Alle Zutaten mindestens 1 bis 2 Stunden vor Arbeitsbeginn am Arbeitsplatz richten. Außerdem empfiehlt sich zum Kneten des Teigs ein Holzbrett, da der Teig auf diesem beim Arbeiten seine Wärme behält.

▶ Das gesiebte Mehl in eine große Rührschüssel geben, eine Mulde formen, die Hefe hineinbröckeln, einen Kaffeelöffel des Zuckers dazugeben und mit der Hand die zerbröckelte Hefe mit einem Teil der lauwarmen Milch und dem Zucker „glatt rühren".

▶ Diesen Vorteig mit einem Tuch abgedeckt 15 Minuten an einem warmen Ort gehen lassen.

Tipp: Heizen Sie den Backofen auf 50° C vor und stellen Sie unten eine Tasse Wasser hinein. So kann der Backofen als „Gärschrank" genutzt werden.

Zutaten

Hefeteig
500 g Weizenmehl, Type 405, gesiebt
1 Würfel Frischhefe (42 g)
250 ml Milch, 1,5 % oder 3,5 %, lauwarm
75 g feiner Zucker
1 große Prise Salz
75 g Butter
1 Ei

Füllung
500 g Äpfel, die sich zum Backen eignen, z. B. Elstar, Cox Orange, Rubinette oder Boskoop
100 g Haselnüsse, gemahlen

100 g Mandeln, gemahlen
100 g Zucker
1 gestrichener TL Zimt (2 g)
1 Becher Schmand, 24 % (200 g)

Eistreiche und Belag:
1 Eigelb
1 EL Milch
1 Prise Zucker
1 kleine Prise Salz

25 g Mandelblättchen

Außerdem
Mehl zum Arbeiten
Butter für die Form

- ▶ Die Butter in der übrigen Milch bei mäßiger Hitze schmelzen, abkühlen lassen und dann das Ei einrühren.
- ▶ Sobald der Vorteig gegangen ist – er sollte sein Volumen in etwa verdoppelt haben –, alle Zutaten, d. h. die Restmilch mit Butter und Ei, den Zucker und das Salz zum Mehl geben und, entweder mit der Maschine oder von Hand, den Teig so lange kneten, bis er glatt und elastisch ist und sich vom Schüsselrand bzw. von den Händen löst.
- ▶ Die Teigschüssel mit einem Tuch abdecken und erneut 30 Minuten an einem warmen Ort gehen lassen, bis der Teig sein Volumen wieder verdoppelt hat.
- ▶ In der Zwischenzeit für die Füllung die gemahlenen Haselnüsse, die gemahlenen Mandeln, den Zucker und den Zimt mischen.
- ▶ Die Äpfel schälen, Stil- und Blütenansatz und Kerngehäuse entfernen und grob raffeln.
  Tipp: Sollten die Äpfel sehr saftig sein, drückt man die Apfelraspel mit der Hand etwas aus, um zu verhindern, dass die Füllung zu feucht wird.
- ▶ Den gegangenen Teig nochmals kurz durchkneten, dann auf der leicht mit Mehl bestäubten Arbeitsplatte zu einem Rechteck von 55 cm Länge und 30 cm Breite ausrollen.
- ▶ Den Schmand mit einer Palette oder einer Tortenschaufel dünn bis an die Ränder auftragen.

Dieses Rezept wurde mir freundlicherweise von Frau Anna Rittlinger aus Ladenburg überlassen. Es ist einer ihrer Lieblingskuchen, den sie zu vielen Anlässen backt. Der gefüllte Hefekranz bleibt dank seiner Füllung lange frisch und kommt immer gut an.

- ▶ Die geraspelten Äpfel mit der Haselnuss-Mandel-Mischung vermischen und die Füllung gleichmäßig auf der Teigplatte verteilen.
- ▶ Die Teigplatte von der langen Seite her aufrollen.
- ▶ Springformboden und -rand sowie die Außenseite des feuerfesten Glases bzw. die Ringform fetten. Im Falle der Springform das Glas umgedreht in die Mitte der Form setzen und den Teigstrang in den so entstandenen ringförmigen Hohlraum hineinlegen. Die Enden des Teigstranges etwas zusammendrücken.
- ▶ Für die Eistreiche das Eigelb mit der Milch, dem Zucker und dem Salz verquirlen und den Kranz damit bestreichen. Die Mandelblättchen gleichmäßig aufstreuen. Mit einer lebensmittelgeeigneten Schere an der Kranzoberfläche kreuzweise circa 1 cm tiefe Schnitte vornehmen.
- ▶ Den Kranz abgedeckt nochmals 30 Minuten in der warmen Küche gehen lassen.
- ▶ Den Backofen auf **180 °C vorheizen**, den Rost auf der **zweiten Schiene von unten** einschieben.
- ▶ Den Hefekranz **40 bis 45 Minuten** backen. Eventuell nach 25 bis 30 Minuten Backzeit den Kranz mit einem Bogen Alufolie abdecken, damit er nicht zu dunkel wird.
- ▶ Nach Ende der Backzeit den Kuchen aus dem Ofen nehmen, 10 Minuten in der Form stehen lassen, dann vorsichtig aus der Form nehmen und auf einem Kuchengitter vollständig abkühlen lassen.

Nach Belieben vor dem Servieren leicht mit Puderzucker überstäuben.

Schmeckt ganz frisch am besten.

Gugelhupf mit Rumrosinen

Menge für eine **Gugelhupfform mit 2500 ml Inhalt**

Schwierigkeit: einfach – schwieriger – anspruchsvoll

Zeitaufwand ohne Wartezeiten, Kochen, Backen: 45 Minuten

Die Herstellung dieses Hefegugelhupfs ist einfach, braucht jedoch einige Zeit, da der Teig mehrmals gehen muss.

Zubereitung

Alle **Zutaten** für diesen Kuchen sollten mindestens **1 bis 2 Stunden vor Arbeitsbeginn** am Arbeitsplatz gerichtet werden. Denn bei Hefeteigen, die mit frischer Hefe zubereitet werden, ist es ganz wichtig, dass alle Zutaten Zimmertemperatur haben. Außerdem empfiehlt sich zum Kneten des Teigs ein Holzbrett, da der Teig auf diesem beim Arbeiten seine Wärme behält.

▶ Das gesiebte Mehl in eine Rührschüssel geben, eine Mulde formen und mit der Hand die zerbröckelte Hefe mit einem Teil der lauwarmen Milch „glatt rühren".

- ► Diesen Vorteig abgedeckt 15 Minuten an einem warmen Ort gehen lassen.

  Tipp: Sie können Ihren Backofen als „Gärschrank" nutzen, indem Sie ihn auf 50° C aufheizen und unten eine Tasse Wasser hineinstellen.
- ► Die Butter in der übrigen Milch bei ganz mäßiger Hitze schmelzen, abkühlen lassen und dann die Eier einrühren.
- ► Sobald der Vorteig gegangen ist, alle Zutaten (d. h. die Restmilch mit Butter und Eiern und Zucker und Salz) zum Mehl geben und, entweder mit der Maschine oder von Hand, den Teig so lange kneten, bis er glatt und elastisch ist.
- ► Die Teigschüssel mit einem Tuch abdecken und erneut 60 Minuten an einem warmen Ort gehen lassen – der Teig sollte sein Volumen verdoppelt haben.
- ► Den Teig nochmals durchkneten und die Rosinen mitsamt dem Rum unterkneten.
- ► Den Backofen auf **175°C vorheizen**, den Rost auf der **zweiten Schiene von unten** einschieben.
- ► Die Form fetten und den Teig in die Form geben.
- ► Zugedeckt nochmals 30 Minuten abgedeckt in der warmen Küche gehen lassen.
- ► Den Gugelhupf **35 bis 45 Minuten** backen.
- ► Nach Ende der Backzeit den Kuchen aus dem Ofen nehmen, 10 Minuten in der Form stehen lassen, dann vorsichtig stürzen und auf einem Kuchengitter vollständig abkühlen lassen.

Nach Belieben vor dem Servieren leicht mit Puderzucker überstäuben.

Zutaten

500 g Mehl, Type 405, gesiebt
20 g Frischhefe (½ Würfel)
200 ml Milch, 3,5 %, lauwarm
200 g Butter
2 Eier
125 g Zucker
1 Prise Salz
100 bis 150 g Rosinen (nach Belieben)
Rum

Die Rosinen am besten **am Vortag** in den Rum einlegen, damit sie schön durchziehen können. Die Rosinen sollten gerade eben mit Rum bedeckt sein. Geben Sie die Rosinen und den Rum in ein Glas mit Schraubdeckel, so können Sie den Inhalt ohne Probleme durch Schütteln vermischen.

nach Belieben Puderzucker zum Überstäuben

Außerdem
Butter für die Form

Haselnuss
Haselnusskuchen Mannheimer Art

Menge für eine **Springform 24 cm Ø**

Schwierigkeit: leicht – schwieriger – anspruchsvoll

Zeitaufwand ohne Wartezeiten, Kochen, Backen: 40 Minuten

Zubereitung

- Den Backofen auf **175 °C vorheizen**, den Rost auf der **zweiten Schiene von unten** einschieben. Die Form fetten.
- Die Butter mit circa der Hälfte des Zuckers hell-cremig aufschlagen, dann Vanillezucker, Zimtpulver, Zitronenschalenabrieb und Rum unterrühren.
- Die Eigelb nacheinander unterrühren.
- Die Keksbrösel mit den gemahlenen Haselnüssen mischen.
  Tipp: Kekse lassen sich ganz einfach zu Bröseln verarbeiten, indem Sie sie in einen Gefrierbeutel stecken, diesen oben zubinden und mit dem Wellholz mit einigem Druck über die Kekse rollen.
- Die Eiweiß mit der Prise Salz steif schlagen, die zweite Hälfte des Zuckers einrieseln lassen und weiterschlagen, bis der Schnee eine cremig-steife Konsistenz hat.

Zutaten

160 g Butter, zimmerwarm
150 g feiner Zucker
1 Päckchen *Vanillezucker* (8 g)*
1 Messerspitze Zimtpulver
1 Messerspitze Zitronenschalenabrieb
1 EL Rum (10 g)
8 Eigelb
160 g Keksbrösel: Brösel aus Löffelbiskuits, Butterkeksen u. dgl.

Tipp: Sollten Sie Löffelbiskuits,
üblicherweise eine Zuckerkruste

haben, verwenden, reduzieren Sie
die Zuckermenge im Rezept etwas,
sonst wird der Kuchen zu süß.

100 g Haselnüsse, gemahlen
8 Eiweiß
1 Prise Salz

Außerdem
Butter für die Form
Puderzucker zum Bestäuben des
   Kuchens

- ▶ Die Haselnuss-Brösel-Mischung unter die Eigelb-Butter-Masse ziehen, dann den Eischnee unterheben.
- ▶ Den Teig in die Form füllen und glatt streichen.
- ▶ Den Kuchen **35 bis 40 Minuten** backen.
- ▶ Am Ende der Backzeit die *Stäbchenprobe* machen: Stecken Sie an der höchsten Stelle des Kuchens einen dünnen Holzspieß tief in den Kuchen. Haftet beim Herausziehen kein Teig mehr am Holzstäbchen, ist der Kuchen fertig. Ansonsten: noch einige Minuten backen.
- ▶ Den Kuchen aus dem Ofen nehmen, noch 10 Minuten in der Form stehen lassen. Dann auf einem Kuchengitter vollständig abkühlen lassen.

Nach Belieben vor dem Servieren mit Puderzucker überstäuben.

Der Kuchen ist sehr mächtig. Servieren Sie ihn daher in kleinen Stücken.

Tipp: Wenn Sie die gemahlenen Haselnüsse in einer Pfanne ohne Fett bei mäßiger Hitze leicht rösten, verstärkt sich das Haselnussaroma.

---

* **Echter Vanillezucker** lässt sich ganz einfach selbst herstellen: Stecken Sie die ausgekratzten Vanilleschoten in ein gut schließendes Gefäß und füllen Sie es mit handelsüblichem Kristallzucker auf. Die Vanilleschoten geben mit der Zeit ihr Aroma an den Zucker ab, den Sie dann nach Bedarf verwenden können. So haben Sie stets einen Vanillezucker mit einem herrlich natürlichen Aroma zur Hand. Geschmacksintensiver und feiner wird der selbst hergestellte Vanillezucker, wenn Sie die (kleingeschnittenen) Vanilleschoten mitsamt dem Zucker (in kleinen Portionen) in einer Gewürz- oder einer konventionellen Kaffeemühle fein mahlen. 8 g davon entsprechen dem Inhalt eines gekauften Tütchens.

Heppenheimer Schokoladenkranz

Menge für eine **Kranzform mit 2500 ml Inhalt**
oder eine entsprechend große Springform mit Rohrbodeneinsatz

Schwierigkeit: leicht – schwieriger – anspruchsvoll

Zeitaufwand ohne Wartezeiten, Kochen, Backen: 45 Minuten

Zubereitung

▶ Den Backofen auf **180 °C vorheizen**, den Rost auf der **zweiten Schiene von unten** einschieben. Die Form fetten.

▶ Die Butter mit der Hälfte des Zuckers in einer großen Rührschüssel hell-schaumig aufschlagen, dann die Eigelb nacheinander unterrühren.

▶ Gemahlene Haselnüsse und geriebene Schokolade mischen und unterrühren.

▶ Das Mehl mit dem Backpulver und dem Puddingpulver zusammen sieben und unterrühren.

▶ Das Eiweiß mit der Prise Salz steif schlagen, die zweite Hälfte des Zuckers einrieseln lassen und weiterschlagen, bis der Schnee eine cremig-steife Konsistenz hat.

- ▸ Etwa ⅓ des Eischnees mit einem Teigspatel unterheben.
  Hinweis: Das ist nicht ganz einfach, da die Teigmasse sehr kompakt ist. Um den restlichen Eischnee locker unterheben zu können, ist es wichtig, das erste Drittel sehr sorgfältig einzuarbeiten.
- ▸ Dann den übrigen Eischnee unterheben.
- ▸ Den Teig in die Form füllen und glatt streichen.
- ▸ Den Kuchen **40 bis 45 Minuten** backen. Die *Stäbchenprobe* (s. S. 153) machen.
- ▸ Den Kuchen aus dem Ofen nehmen, noch 10 Minuten in der Form stehen lassen. Dann zum Abkühlen auf ein Kuchengitter stürzen.
- ▸ Die Kuvertüre nach Packungsanleitung schmelzen und mit einem Pinsel oder einem breiten Messer auf den völlig abgekühlten Kuchen auftragen.

Zutaten

250 g Butter, zimmerwarm
200 g feiner Zucker
8 Eigelb
125 g Haselnüsse, gemahlen
100 g Zartbitterschokolade, 70 %, gerieben
100 g Weizenmehl, Type 405
1/2 Päckchen Backpulver (9 g)
2 Päckchen Schokoladenpudding-pulver zum Kochen
8 Eiweiß

1 Prise Salz

300 g Zartbitterkuvertüre zum Überziehen des Kuchens – diese passt nicht nur geschmacklich, sondern hält den Kuchen auch lange frisch

Außerdem
Butter für die Form

Himbeer-Cake

Viktoria-Café, Eberbach

Menge für eine **Kastenform mit 25 cm Länge,**
10 cm Breite und 8 cm Höhe

Schwierigkeit: einfach – schwieriger – anspruchsvoll

Zeitaufwand ohne Wartezeiten und Koch- bzw. Backvorgänge:
50 Minuten

Zubereitung

▶ Den Backofen auf **180°C vorheizen**, den Rost auf der **zweiten Schiene von unten** einschieben. Die Backform fetten.

▶ Marzipanrohmasse, Eigelb, Honig, Vanillezucker, Orangenschalen-abrieb und Salz mit dem Pürierstab glatt mixen. In einem schma-len hohen Rührbecher lässt sich das gut machen.

▶ Die Butter in einem Töpfchen auf dem Herd zergehen lassen und heiß in einem dünnen Strahl mit den Schneebesen des Handmi-xers langsam in die Marzipan-Eigelb-Masse einrühren. Anschlie-ßend sollten Sie die Masse in eine Rührschüssel umfüllen.

▶ Das Eiweiß steif schlagen, Zucker und Speisestärke mischen, ein-

Zutaten

Caketeig

125 g Marzipanrohmasse, Zimmertemperatur
65 g Eigelb = Eigelb von 3–5 Eiern
der Größe M
35 g Honig
1 Päckchen *Vanillezucker* (8 g) –
(s. S. 162 – beim *Haselnusskuchen Mannheimer Art*)
4 g Schalenabrieb einer unbehandelten Orange
1 große Prise Salz (1 g)
125 g Butter
90 g Eiweiß = Eiweiß von 2–3 Eiern
der Größe M

90 g feiner Zucker
40 g Speisestärke (Mondamin)
42 g Biskuitbrösel
135 g Weizenmehl, Type 405, gesiebt
1 gestrichener TL Backpulver (4 g)
135 g **Himbeergrieß***

Tränke

75 g Himbeersirup
25 g Wasser

Außerdem

Butter für die Form

---

* Himbeergrieß können Sie leicht selbst herstellen, indem
Sie gefrorene Himbeeren im Cutter oder Küchenmixer
möglichst fein zerkleinern. Nehmen Sie die gefrorenen
Himbeeren erst unmittelbar vor der Verarbeitung in den
Teig aus dem Froster. Sie lassen sich im gefrorenen Zu-
stand besser zerkleinern und in den Teig rühren.

Konditoren geben in aller Regel – wie in diesem Rezept auch – die Mengen von Eigelb, Eiweiß und ganzen Eiern (Vollei = Eigelb und Eiweiß zusammengenommen) in Gramm an. Da die Zutatenmengen für diesen Kuchen relativ klein sind, sollten Sie Eigelb und Eiweiß ebenfalls genau abwiegen. Hilfreich ist dafür die Verwendung einer digitalen Küchenwaage, die im Grammbereich misst.

rieseln lassen und weiterschlagen, bis die Masse ganz fest ist und glänzt.

▶ Den Eischnee unter die abgekühlte Marzipan-Eigelb-Buttermasse heben.

▶ Dann die Biskuitbrösel, das Mehl zusammen mit dem Backpulver und zum Schluss den Himbeergrieß flott, aber behutsam mit einem Teigspatel unterheben.

▶ Den Teig in die Form füllen und glattstreichen.

▶ Den Kuchen **50 bis 60 Minuten** backen.
Tipp: Sollte der Kuchen zu dunkel werden, den Cake eventuell mit einem Bogen Alufolie abdecken.

▶ Für die Tränke Himbeersirup und Wasser mischen.

▶ Den Kuchen aus dem Ofen holen, 10 Minuten stehen lassen, dann mit der Tränke beträufeln. Den Kuchen in der Form abkühlen lassen.

Nach Belieben vor dem Servieren mit Puderzucker überstäuben.

Himbeertorte Alt Heidelberg

Mengen: für den Wiener Boden eine **Springform Ø 26 cm**
für den Baiserboden eine **Springform Ø 24 cm**

Schwierigkeit: einfach – schwieriger – anspruchsvoll

Zeitaufwand ohne Wartezeiten und Koch- bzw. Backvorgänge:
1 Stunde 45 Minuten

Zubereitung

Den Wiener Boden am Vortag zubereiten, er lässt sich zum Füllen der
Torte am nächsten Tag besser schneiden.
Den Baiserboden können Sie ebenfalls am Vortag backen.

▶ Für den **Wiener Boden** die Eier zusammen mit dem Zucker, dem
Vanillezucker, der Prise Salz und dem Schalenabrieb in einen Topf
mit nicht zu kleinem Durchmesser geben. Die Ei-Zucker-Masse bei
mittlerer Hitze unter ständigem Rühren mit einem Schneebesen
erwärmen. Dabei verflüssigt sich die Mischung etwas.
Achtung: Sie sollte jedoch nur handwarm werden, da die Eier bei
größerer Hitze stocken.

- ▶ Die Masse in die Schüssel einer Küchenmaschine umfüllen und so lange mit dem Schneebesen schlagen, bis sie wieder kühl ist und einen guten Stand hat – das dauert 8 bis 10 Minuten. Das Ganze geht natürlich auch mit einem Handmixer.
- ▶ In der Zwischenzeit die Butter auf kleiner Hitze schmelzen, aber nicht heiß werden lassen.
- ▶ Den Ofen auf **170° C vorheizen**. Den Rost auf der **zweiten Schiene von unten** einschieben.
- ▶ Einen Bogen Backpapier auf den Boden der größeren Springform legen und den Formboden in den Ring einspannen. Die Ränder der Form nicht fetten.
- ▶ Mehl und Speisestärke mischen, auf die aufgeschlagene Ei-Zucker-Mischung sieben und vorsichtig, aber zügig mit einem Spatel unterheben – dabei so wenig Luft wie nur irgend möglich herausrühren. Gegen Ende die flüssige Butter unterziehen.
- ▶ Die Masse in die Springform füllen, glatt streichen und **35 bis 45 Minuten** backen.
- ▶ Den Boden 10 Minuten ruhen lassen, dann zum Auskühlen aus der Form nehmen.

Zutaten

Wiener Boden
8 Eier
160 g feiner Zucker
1 Päckchen *Vanillezucker* (8 g) –
  (s. S. 162 – beim *Haselnusskuchen Mannheimer Art*)
1 Prise Salz
1 Messerspitze Schalenabrieb
  einer unbehandelten Zitrone
150 g Weizenmehl, Type 405
50 g Speisestärke
100 g Butter

Baiserboden
2 Eiweiß – die Eigelb anderweitig
  verwenden
1 kleine Prise Salz
1 Spritzer Zitronensaft
120 g feiner Zucker
80 g Himbeerkonfitüre ohne Kerne

1 EL Himbeergeist (10 g)

Füllung
550 bis 600 g Himbeeren
1500 g Schlagsahne (7,5 Becher
  à 200 g)
60 g Zucker (4 EL)
6 Blatt weiße Gelatine

Dekoration
1 EL gehackte Pistazien

Außerdem
Backpapier für die Springformböden zum Backen des Wiener Bodens und des Baiserbodens
Alufolie zum Verpacken des Wiener Bodens
ein Spritzbeutel mit großer Stern- oder Rosettentülle

- Den vollständig abgekühlten Tortenboden über Nacht gut in Alufolie eingewickelt ruhen lassen.
- Für den **Baiserboden** den Ofen auf **110° C vorheizen**. Den Rost auf der **zweiten Schiene von unten** belassen.
- Die Eiweiß mit der Prise Salz und dem Spritzer Zitronensaft steif schlagen, den Zucker einrieseln lassen und weiterschlagen, bis die Masse ganz fest ist und glänzt.
- Den Boden der kleineren Springform mit dem Backpapier belegen (wie oben beschrieben).
- Die Baisermasse gleichmäßig auf den Formboden streichen und den Boden **90 Minuten** backen.
- Nach Ende der Backzeit den Backofen ausschalten und den Boden im Ofen abkühlen lassen, dabei mit einem Kochlöffel die Ofentür einen Spalt offen halten.

Am nächsten Tag

- Für die Füllung die Himbeeren verlesen, möglichst nicht waschen. 14 besonders schöne Früchte für die Deko beiseite legen.
- Die Gelatineblätter in einen Teller mit kaltem Wasser legen.
- Die Sahne steif schlagen.
  Tipp: Wenn Sie die ganze Menge auf einmal verarbeiten wollen, empfiehlt sich die Verwendung einer Küchenmaschine mit großer Rührschüssel. Nehmen Sie den Handmixer, ist es meiner Erfahrung nach besser, wenn Sie die Menge in mindestens zwei Portionen teilen, da die Sahne lockerer wird, wenn man sie in kleineren Mengen aufschlägt.
- Gegen Ende fügen Sie den Zucker hinzu und rühren die Sahne bis zum gewünschten Steifheitsgrad fertig.
- Gelatine gut ausdrücken und in einem Töpfchen bei mittlerer Hitze erwärmen, bis sie flüssig ist. Einige Esslöffel der steifgeschlagenen Sahne in die flüssige Gelatine rühren und diese Masse dann mit einem Schneebesen oder einem Teigspatel gleichmäßig unter die Sahne ziehen.
- Einen Teil der Sahne, der für 14 Sahnetuffs für die Dekoration reichen sollte, in einen Spritzbeutel mit großer Stern- oder Rosettentülle füllen. Den Spritzbeutel in den Kühlschrank legen.

Zusammensetzen der Torte

- Schneiden Sie den Wiener Boden waagerecht zweimal durch. Wenn Sie wollen, können Sie die obere Schicht des Wiener Bodens, die etwas dunkler ist, ganz knapp abschneiden, so dass Sie beim Anschnitt der Torte keinen dunklen Rand haben. Dies ist jedoch nur eine Frage der Ästhetik und kein Muss.
- Den unteren Teil des Wiener Bodens legen Sie auf eine Tortenplatte.
- Dann rühren Sie die Himbeerkonfitüre mit dem Himbeergeist glatt.

Tipp: Falls die Konfitüre zu dick ist, erwärmen Sie sie kurz in einem Töpfchen.

► Verstreichen Sie die Konfitüre gleichmäßig auf dem Boden, lassen Sie dabei 1 cm Abstand zum Rand.

► Nun legen Sie den Baiserboden auf und drücken ihn ganz leicht an.

► Auf den Baiserboden streichen Sie eine dünne Schicht Sahne und verteilen darauf die Hälfte der Himbeeren. Diese werden wieder mit einer Schicht Sahne abgedeckt.

► Legen Sie die zweite Scheibe des Wiener Bodens auf und bedecken diesen mit einer dünnen Sahneschicht. Darauf verteilen Sie die zweite Hälfte der Himbeeren, die wiederum mit einer weiteren Schicht Sahne bestrichen werden.

► Zum Abschluss folgt die dritte Scheibe des Wiener Bodens, die leicht angedrückt wird.

► Mit der restlichen Sahne bestreichen Sie den Rand und die Oberseite der Torte – mit Hilfe eines langen glatten Messers oder einer Tortenpalette bekommen Sie eine schöne glatte Oberfläche.

► Den Tortenrand können Sie mit einer gezackten Teigkarte verzieren.

► Mit einem Tortenmarkierer oder einem langen Messer markieren Sie auf der Tortenoberfläche 14 gleich große Stücke und spritzen mit der zurückbehaltenen Sahne 14 Rosetten auf. Setzen Sie auf jeden Tuff eine Himbeere und streuen Sie die gehackten Pistazien in die Mitte der Torte.

Ingwer-Orangen-Tarte

Blum Coffee Bar, Mannheim

Menge für eine **konische Tarte- oder Springform**
Ø 26 cm (Boden) / 30 cm (oberer Rand)
Schwierigkeit: einfach – schwieriger – anspruchsvoll
Zeitaufwand ohne Wartezeiten, Kochen, Backen: 1 Stunde – inkl. Filetieren der Orangen

Zubereitung

▶ Die Zutaten für den Mürbeteig mit möglichst kalten Händen rasch zusammenkneten und in einen Gefrierbeutel oder in eine Folie verpackt circa 1 Stunde kühl stellen. Die Form fetten.
▶ In der Zwischenzeit die Orangenfilets aus der Dose in ein Sieb schütten und abtropfen lassen.
Alternativ: Orangen selbst filetieren. Dafür zunächst großzügig die Schale mitsamt der weißen Haut abschneiden. Dann mit einem scharfen Messer die Filets zwischen den Häuten herausschneiden. Über einer Schüssel arbeiten und den Saft auffangen. Die Filets zum Abtropfen in ein Sieb legen. Beides beiseite stellen.

Zutaten

Mürbeteigboden
240 g Weizenmehl, Type 405,
    gesiebt
80 g feiner Zucker
1 Prise Salz
1 Ei
140 g Butter, gekühlt und in kleine
    Würfel geschnitten

Belag
1 Dose Orangenfilets (750 ml)
Tipp: Orangenfilets in Dosen sind
schwer zu finden. Sie können stattdessen 6 mittelgroße Orangen
nehmen und diese selbst filetieren. Sie brauchen – ohne Saft ge-
wogen – circa 400 bis 425 g Orangenfilets.

3 Eier

150 g Zucker, fein
700 g Sahne, flüssig
1 halbdaumengroße Knolle Ingwer
    (10 g), gerieben
1 kleine Knolle gezuckerten Ingwer
    (15 g)*, ganz fein gehackt
70 g Speisestärke (Mondamin)

Deko
Puderzucker zum Bestäuben
feingehackte Pistazien

Außerdem
Butter für die Form
ein Bogen Backpapier und
Hülsenfrüchte zum **Blindbacken**

** Gezuckerten Ingwer finden Sie im
    Asia-Shop oder im Reformhaus.*

▶ Den Backofen auf **200 °C vorheizen**, den Rost auf der **untersten Schiene** einschieben.

▶ Den Mürbeteig auf der leicht mit Mehl bestäubten Arbeitsfläche etwas größer als der Formdurchmesser ausrollen und die Backform damit auslegen. Dabei einen mindestens 4 cm hohen Rand formen. Den Boden mit einer Gabel mehrmals einstechen.

▶ Den Bogen Backpapier in die Form legen und das Papier in den Kanten leicht andrücken. Die Hülsenfrüchte einfüllen und zum Formrand hin anhäufeln.

- ► Den Boden **10 Minuten backen**, dann Hülsenfrüchte und Papier entfernen und den Boden für **weitere 8 bis 10 Minuten** in den Ofen schieben.
- ► Den Boden aus dem Ofen holen und zum Abkühlen beiseite stellen. Den Backofen auf **190 °C** herunterschalten.
- ► Für den Belag die Eier zusammen mit dem Zucker hellschaumig aufschlagen. Die Sahne und den Ingwer unterrühren, zum Schluss die Speisestärke unterziehen und den aufgefangenen Orangensaft einrühren.

  Tipp: Den gezuckerten Ingwer ganz fein zu hacken, ist nicht ganz einfach. Wenn Sie möglichst keine Stückchen in der Masse haben wollen, pürieren Sie den Ingwer mit dem Pürierstab kurz in der Eier-Zucker-Sahne-Mischung, bevor Sie die Speisestärke und den Saft unterrühren.
- ► Die gut abgetropften Orangenfilets auf dem Mürbeteigboden verteilen – einige für die Deko beiseite legen – und die Sahnemischung ganz vorsichtig mit einer Suppenkelle darübergießen.
- ► Die Tarte **45 bis 50 Minuten** backen.
- ► Die Tarte aus dem Ofen holen und noch 15 Minuten in der Form stehen lassen, dann herausnehmen und auf einem Kuchengitter ganz abkühlen lassen.
- ► Vor dem Servieren den Kuchenrand mit Puderzucker bestäuben und den Kuchen mit den zurückbehaltenen Orangenfilets und den gehackten Pistazien dekorieren.

Johannisbeerkuchen mit Mandelbaiser

Menge für eine **konische Springform**
Ø 26 cm (Boden) / Ø 30 cm (oberer Rand)

Schwierigkeit: einfach – schwieriger – anspruchsvoll

Zeitaufwand ohne Wartezeiten und Koch- bzw. Backvorgänge:
1 Stunde

Zubereitung

▶ Die Zutaten für den Mürbeteig rasch mit möglichst kalten Händen zusammenkneten und in einen Gefrierbeutel oder in Folie verpackt 1 Stunde kühl stellen. Die Form fetten.

▶ Die Johannisbeeren mit kaltem Wasser kurz abbrausen und mit Küchenkrepp trockentupfen. Die Beeren von den Rispen abziehen und in einer Schüssel beiseite stellen.

▶ Den Backofen auf **180 °C vorheizen**, den Rost auf der **untersten Schiene** einschieben.

▶ Die Form mit dem Mürbeteig auskleiden, dabei einen circa 3 cm hohen Rand formen. Mit einer Gabel stippen.

- ▶ Das Eiweiß mit der Prise Salz in einer Schüssel sehr steif schlagen, den Zucker einrieseln lassen und weiterschlagen, bis die Masse ganz fest ist und glänzt. Gut 2/3 davon in einen Spritzbeutel mit großer Rosettentülle füllen.
- ▶ In den übrigen Eischnee die gemahlenen Mandeln rühren, die Johannisbeeren dazugeben und alles gründlich vermischen.
- ▶ Die Johannisbeermasse auf dem Mürbeteigboden verstreichen. Mit Hilfe eines Tortenmarkierers oder eines langen Messers 14 Stücke kennzeichnen. Die Segmente mit dem Eischnee dekorativ ausspritzen.
  Sie können die Baisermasse natürlich auch einfach mit einem Messer oder einem Löffel auf den Johannisbeeren verteilen.
- ▶ Den Kuchen **55 bis 60 Minuten** backen. Sollte das Baiser zu dunkel werden, nach 25 bis 30 Minuten Backzeit mit einem Bogen Alufolie abdecken.
- ▶ Den Kuchen aus dem Ofen nehmen und für einige Minuten in der Form stehen lassen, dann herausnehmen und völlig auskühlen lassen.

Schmeckt ganz frisch am besten.

Tipp:
Die Eiweißmasse nicht ganz bis an den Rand der Springform spritzen, damit das Baiser nicht an der Form festbäckt und der Kuchen aus der Form genommen werden kann, ohne dass die Eiweißhaube bricht.

Zutaten

Mürbeteigboden
250 g Weizenmehl, Type 405, gesiebt
60 g feiner Zucker
1 Prise Salz
1 Ei
140 g Butter, gekühlt und in kleine Würfel geschnitten
2 EL Kirschwasser (20 g)

Belag
500 g rote Johannisbeeren
5 Eiweiß – die Eigelb anderweitig verwenden
1 Prise Salz
200 g Zucker
150 g Mandeln, gemahlen

Außerdem
Mehl zum Arbeiten
Butter für die Form

Käsetorte Gisela

Käsekuchen ohne Boden   Die Träumerei, Michelstadt

Menge für eine **Springform mit 26 cm Ø**
oder 28 cm Ø
Schwierigkeit: einfach – schwieriger – anspruchsvoll
Zeitaufwand ohne Wartezeiten, Kochen, Backen: 30 Minuten

Zubereitung

▶ Den Backofen auf **175 °C vorheizen**, den Rost auf der **zweiten Schiene von unten** einschieben. Die Backform fetten.
▶ Die weiche Butter mit dem Zucker und dem Vanillezucker hell-schaumig aufschlagen. Den Zitronensaft unterrühren.
▶ Die Eier einzeln nacheinander unterrühren. Dann den Quark unterrühren.
▶ Mehl und Backpulver zusammen sieben und ebenfalls unterrühren.
▶ Die Quarkmasse in die Form füllen und glattstreichen.
▶ Den Käsekuchen **70 bis 80 Minuten** backen. Nach circa 50 Minuten die Farbe des Kuchens kontrollieren; sollte die Kuchenoberfläche

zu dunkel werden, mit einem Bogen Alufolie abdecken und fertig backen.

▶ Nach Ende der Backzeit den Backofen ausschalten und den Kuchen bei leicht geöffneter Backofentür (einen Kochlöffel dazwischen klemmen) noch so lange im Ofen stehen lassen, bis sich die Käsemasse auf Formrandhöhe gesenkt hat. Das dauert circa 15 Minuten.

▶ Dann den Käsekuchen herausnehmen und mitsamt der Form auf ein Kuchengitter stürzen. Den Kuchen in dieser Position vollständig abkühlen lassen.

▶ Vor dem Servieren auf eine Kuchenplatte legen und nach Belieben noch ganz leicht mit Puderzucker überstäuben.

Tipp:

Eine feine Variante dieses Rezeptes erhalten Sie, wenn Sie am Ende der Quarkmassezubereitung noch ein Päckchen Mohn-Back, eine backfertige Mohnfüllung, unterziehen. Dann sollten Sie die Zuckermenge jedoch auf 200 g reduzieren.

Zutaten

200 g Butter, zimmerwarm
250 g Zucker, fein
1 Päckchen *Vanillezucker* (8 g) –
   (s. S. 162 – beim *Haselnusskuchen Mannheimer Art*)
1 TL Zitronensaft
6 Eier
1 kg Magerquark (Fettstufe 0,2 %)
   – Molke abgetropft

100 g Weizenmehl, Type 405
1 gestrichener TL Backpulver (4 g)

Außerdem
Butter für die Form
evtl. ein Bogen Alufolie

Kerscheplotzer

Menge für eine **konische Springform**

Ø 28 cm (Boden) / Ø 32 cm (oberer Rand)

Schwierigkeit: leicht – schwieriger – anspruchsvoll

Zeitaufwand ohne Wartezeiten, Kochen, Backen: 1 Stunde

Zubereitung

▶ Den Zwieback zerkleinern und mit dem Rotwein und dem Kirschwasser vermischen, am besten mit den Händen gut durchkneten. Beiseite stellen.

▶ Die Kirschen waschen, trockentupfen und falls nötig, die Stiele entfernen.

> Weil man die Kirschen in den Teig hineinfallen, also *noiplotze* lässt, heißt der Kerscheplotzer Kerscheplotzer.

- ▶ Den Backofen auf **180 °C vorheizen**, den Rost auf der **zweiten Schiene von unten** einschieben. Die Form fetten.
- ▶ Die weiche Butter mit der Hälfte des Zuckers hell-cremig aufschlagen.
- ▶ Dann die Eigelb – eines nach dem anderen – unterrühren.
- ▶ Die gemahlenen Mandeln mit den Gewürzen mischen und unterrühren, ebenso den Schalenabrieb der Zitrone und die mit Rotwein und Kirschwasser getränkte Zwiebackmasse.

Zutaten

150 g Butter, zimmerwarm
150 g feiner Zucker
7 Eier, getrennt
1 Prise Salz
300 g Zwieback
½ l Rotwein, trocken
4 EL Kirschwasser (25 g)
200 g Mandeln, gemahlen
1 gestrichener TL Zimtpulver (2 g)
1 Messerspitze Nelken
½ TL Schalenabrieb einer unbehandelten Zitrone

1250 g schwarze süße Kirschen, mit Stein
Puderzucker zum Bestäuben
12 Kirschen mit Stiel zur Dekoration
etwas dunkle Kuvertüre zum Eintauchen der Kirschen

Außerdem
Butter für die Form

Manchenorts wird vor dem Servieren noch ein Schuss Kirschwasser über den Plotzer geträufelt ...

- Die Kirschen unterheben.
- Die Eiweiß mit der Prise Salz steif schlagen, die andere Hälfte des Zuckers unterrühren und weiterschlagen, bis der Schnee eine cremig-steife Konsistenz hat.
- Den Eischnee unterheben, die Masse in die Backform geben und glattstreichen.
- Den Kuchen **60 bis 70 Minuten** backen.
  Tipp: Falls die Kuchenoberfläche gegen Ende der Backzeit zu dunkel werden sollte, den Kuchen mit einem Bogen Alufolie abdecken.
- Den Plotzer aus dem Ofen nehmen, noch 15 Minuten in der Form stehen lassen. Dann den Formrand entfernen, den Kuchen stürzen und den Formboden abnehmen, wieder umdrehen und auf einem Kuchengitter abkühlen lassen.
- Den völlig abgekühlten Kuchen mit Puderzucker bestäuben und die Kuchenstücke mit einem langen Messer kennzeichnen.
- Die Kirschen mit Stiel waschen und trockentupfen. Die Kuvertüre über einem heißen Wasserbad schmelzen. Das untere Ende der Kirschen in die geschmolzene Kuvertüre tauchen und auf jedes Kuchensegment eine Kirsche setzen.

Tipp:
Man kann für diesen Kerscheplotzer auch gut anstelle des Rotweins Milch verwenden – dieselbe Menge und leicht angewärmt.
Und sollten Kinder mitessen, lässt man dann auch einfach noch das Kirschwasser weg.

Kurpfälzer Mandelkuchen

Blechkuchen

Menge für ein **Backblech 30 x 40 cm**

Schwierigkeit: einfach – schwieriger – anspruchsvoll

Zeitaufwand ohne Wartezeiten, Kochen, Backen: 40 Minuten

Zubereitung

- ▶ Den Backofen auf **200 °C vorheizen.**
- ▶ Das Backblech großzügig mit Butter ausfetten oder einen Bogen Backpapier auflegen.
- ▶ Die Sahne mit dem Zucker, dem Vanillezucker, der Prise Salz, den 4 Eiern und dem Zitrusfrüchteschalenabrieb mit den Schneebesen des Handmixers schaumig rühren.
- ▶ Mehl und Backpulver zusammen über die Sahne-Eier-Masse sieben und kurz unterrühren.
- ▶ Den Teig auf das Backblech streichen und auf der **mittleren Schiene 12 Minuten** backen.
- ▶ In der Zwischenzeit für den Belag die Butter bei milder Hitze

schmelzen. Zucker und Milch unterrühren, zum Schluss die Mandelblättchen unterheben.

▶ Den Kuchen nach den 12 Minuten Backzeit aus dem Ofen nehmen und den Mandelbelag gleichmäßig mit Hilfe von 2 Löffeln auf dem Kuchen verteilen.

▶ Weitere **10 bis 12 Minuten** backen.
Achtung: Die Mandeldecke wird gegen Ende der Backzeit schnell dunkel!

▶ Den Kuchen noch 10 Minuten auf dem Backblech belassen, dann herunternehmen und auf einem Kuchengitter ganz abkühlen lassen.

▶ Vor dem Servieren in Quadrate oder Rechtecke schneiden.

Schmeckt frisch am besten!

Zutaten

Rührteigboden
220 g Sahne
150 g Zucker
1 Päckchen *Vanillezucker* (8 g) –
(s. S. 162 – beim *Haselnusskuchen Mannheimer Art*)
1 Prise Salz
4 Eier
300 g Weizenmehl, Type 405
1 Päckchen Backpulver (17 g)
Schalenabrieb einer ½ unbehandelten Zitrone
Schalenabrieb einer ½ unbehandelten Orange

Belag
150 g Butter
200 g Zucker
50 ml Milch, 1,5 % oder 3,5 %
300 g Mandelblättchen

Außerdem
Butter oder Backtrennpapier für das Backblech

Kurpfälzer Zwiebelkuchen

Menge für eine **konische Tarte- oder Springform**
Ø 28 cm (Boden) / Ø 32 cm (oberer Rand)
Schwierigkeit: einfach – schwieriger – anspruchsvoll
Zeitaufwand ohne Wartezeiten und Koch- bzw. Backvorgänge:
knapp 1 Stunde

Zubereitung

Da alle **Zutaten** für einen Hefeteig bei der Verarbeitung **Zimmertemperatur** haben sollten, die Zutaten **1 bis 2 Stunden vor Arbeitsbeginn** am Arbeitsplatz richten.

► Das Mehl in eine Schüssel sieben, in die Mitte eine Vertiefung drücken, die Hefe hineinbröckeln und mit der Milch und wenig Mehl verrühren.
► Den Vorteig zugedeckt 15 Minuten gehen lassen.
► Die Butter bei milder Hitze zerlassen, mit dem Salz und dem Ei zum Vorteig geben und alles zusammen mit den Knethaken des Küchenmixers oder der Küchenmaschine zusammenarbeiten. Den Teig aus der Schüssel nehmen und auf der Arbeitsplatte walken, bis

er glatt und fest ist und sich zu einer geschmeidigen Kugel formen lässt.

- ▶ Den Hefeteig zugedeckt nochmals 15 Minuten gehen lassen.
- ▶ Den Backofen auf **200° C** vorheizen, den Rost auf der **zweiten Schiene von unten** einschieben. Die Form fetten.
- ▶ Die Zwiebeln schälen und in feine Scheiben schneiden. In einer großen Pfanne in der Butter glasig dünsten.
- ▶ Den Schinkenspeck in kleine Würfel schneiden und zu den Zwiebeln in die Pfanne geben.
- ▶ Den Hefeteig auf der mit Mehl bestäubten Arbeitsplatte ausrollen und die Form damit auskleiden.
- ▶ Den Schmand mit den Eiern, dem Salz und dem Pfeffer – und falls erwünscht, mit dem Kümmel – verquirlen. Die Zwiebel- und Speckwürfel untermischen, die Masse in die Tarteform geben und glatt streichen.
- ▶ Den Kuchen **40 bis 50 Minuten** backen.

Möglichst heiß servieren. Dazu passt hervorragend ein gut gekühlter Weißwein oder ein Neuer Süßer.

Zutaten

Hefeteig
300 g Weizenmehl, Type 405
20 g Frischhefe, circa ½ Hefewürfel
125 ml Milch, 1,5 % oder 3,5 % Fettgehalt, lauwarm
80 g Butter
1 TL Salz (5 g)
1 Ei

Belag
1,5 kg Zwiebeln
50 g Butter

200 g Schinkenspeck
300 g Schmand, 24 % Fettgehalt
3 Eier
Salz
Pfeffer aus der Mühle
gemahlener Kümmel nach Belieben

Außerdem
Mehl zum Arbeiten
Butter für die Form

Mannheimer Apfelkuchen

Menge für eine konische **Springform**

Ø 26 cm (Boden) / Ø 30 cm (oberer Rand)

Schwierigkeit: leicht – aufwändiger – anspruchsvoll

Zeitaufwand ohne Wartezeiten, Kochen, Backen: 1 Stunde

Zubereitung

▶ Die Zutaten für den Mürbeteig rasch mit möglichst kalten Händen zusammenkneten und in Folie oder einen Gefrierbeutel verpackt ½ Stunde kühl stellen. Die Form fetten.

▶ In der Zwischenzeit die Äpfel vorbereiten. Die Äpfel schälen, in Viertel schneiden, die Kerngehäuse entfernen und die Viertel nochmals halbieren (also in Achtel schneiden). In einer Schüssel mit dem Zitronensaft vermischen.

▶ Den Backofen auf **210 °C** vorheizen, den Rost auf der **untersten Schiene** einschieben.

▶ Den Mürbeteig auf der leicht mit Mehl bestäubten Arbeitsfläche dünn ausrollen und die Springform damit auskleiden. Dabei einen 2 bis 3 cm hohen Rand formen. Den Boden mit einer Gabel stippen.

- ▶ Die Apfelspalten auf der gewölbten Seite einschneiden und vom Rand beginnend, dicht an dicht rundum in die Form setzen.
- ▶ Den Kuchen zunächst **25 Minuten** backen.
- ▶ In der Zwischenzeit für den Mandelguss die Eigelb mit dem Zucker mit den Schneebesen des Handmixers cremig aufschlagen, dann die Sahne unterrühren. Zum Schluss die gemahlenen Mandeln locker mit einem Teigschaber unterheben.
- ▶ Nach Ablauf der 25 Minuten Backzeit den Mandelguss gleichmäßig über den Äpfeln verteilen.
- ▶ Die Backtemperatur auf **180 °C herunterschalten** und den Kuchen **weitere 25 bis 30 Minuten** backen.
- ▶ Den Kuchen nach dem Backen noch 15 Minuten in der Form stehen lassen, dann herausnehmen und auf einem Kuchengitter vollständig abkühlen lassen.
- ▶ Nach Belieben vor dem Servieren am Rand leicht mit Puderzucker überstäuben.

Tipp: Schmeckt ganz frisch am besten. Hervorragend passt dazu frisch geschlagene Sahne.

Zutaten

Mürbeteig
220 g Mehl, Type 405, gesiebt
70 g Zucker
1 Päckchen *Vanillezucker* (8 g) –
   (s. S. 162 – beim *Haselnuss-*
   kuchen Mannheimer Art)
1 Prise Salz
120 g Butter, kalt und in kleine
   Würfel zerteilt
1 Ei

Belag
1 kg Äpfel: Rubinette, Elstar, Cox
   Orange, Boskoop – auf jeden
   Fall eine säuerliche Sorte, die
   sich zum Backen eignet
2 EL Zitronensaft (20 g)

2 EL Zucker (30 g)
½ TL Zimtpulver (1 g)

Mandelguss
3 Eigelb – die Eiweiß anderweitig
   verwenden
100 g Zucker
1 Becher Sahne (200 g)
100 g Mandeln, gemahlen

nach Belieben Puderzucker zum
   Bestäuben des Kuchens vor
   dem Servieren

Außerdem
Mehl zum Arbeiten
Butter für die Form

Mannemer Dreck

Menge für 24 Stück mit 7 cm Ø

Schwierigkeit: leicht – aufwändig – anspruchsvoll

Zeitaufwand ohne Wartezeiten, Kochen, Backen: 1 Stunde 15 Minuten

Zubereitung

▶ Mehl, Kakao und Gewürze mischen und zusammen sieben.

▶ Die Marzipanrohmasse fein reiben, Zitronat und Orangeat fein hacken. Die Haselnusskerne und die Mandeln grob mahlen. Die Löffelbiskuits zerbröseln.
  Tipp: Löffelbiskuits lassen sich ganz einfach zu Bröseln verarbeiten, indem Sie sie in einen Gefrierbeutel stecken, diesen oben zubinden und mit dem Wellholz mit einigem Druck darüber rollen.

▶ Die Mehlmischung, die Marzipanrohmasse, Zitronat, Orangeat, Haselnüsse, Mandeln, Löffelbiskuits und den Zitronenschalenabrieb mit den Händen locker in einer Schüssel mischen. Dann die Sahne, den Honig und den Rum zugeben und ebenfalls mit den Händen untermischen. Größere Verklumpungen mit den Fingern lösen.

▶ Das Eiweiß mit der Prise Salz steif schlagen, den Zucker einrieseln lassen und weiterschlagen, bis der Schnee eine cremig-steife Konsistenz hat.

Zutaten

30 g Weizenmehl, Type 405
1 leicht gehäufter TL Kakaopulver
   (5 g)
¼ TL gemahlener Zimt (0,5 g)
je 1 Messerspitze gemahlene Nelken, Piment, Koriander, Ingwer,
   Kardamom und Macisblüte

Tipp: Alternativ zu Zimt, Nelken, Piment, Koriander, Ingwer,
Kardamom und Macisblüte können Sie auch 1 gestrichenen TL
Lebkuchengewürz (2 g) nehmen.

150 g Marzipanrohmasse – gekühlt, dann lässt sie sich besser
   reiben
50 g Zitronat
50 g Orangeat

100 g Haselnüsse
100 g Mandeln
100 g Löffelbiskuits
1 gestrichener TL Schalenabrieb
   einer unbehandelten Zitrone
50 g Schlagsahne
2 große EL Honig (50 g)
2 EL Rum (20 g)
150 g Eiweiß – diese Menge ent-
   spricht dem Eiweiß von 4 bis
   5 Eiern der Größe M
1 kleine Prise Salz
150 g Zucker, fein
300 g Halbbitter-Kuvertüre

Außerdem
2 Bogen Backpapier für zwei Backbleche
24 Backoblaten mit 7 cm Ø

- Zunächst ⅓ des Eischnees mit einem Teigspatel gründlich einarbeiten, dann den Rest unterheben.
- Zwei Backbleche mit je einem Bogen Backpapier belegen. Die Teigmasse mit Hilfe von 2 Teelöffeln auf die Oblaten verteilen und mit einem Messer mit glatter Klinge flächendeckend bis zum Rand hin auf den Oblaten verstreichen.
- Die Gebäckteile 5 Stunden bei Zimmertemperatur trocknen lassen.
- Den Backofen auf **200 °C** vorheizen. Den *Mannemer Dreck* auf der **mittleren Schiene 10 bis 13 Minuten** backen.
- Das Gebäck auf einem Kuchengitter vollständig abkühlen lassen. Dann mit der Kuvertüre überziehen.
  Dazu die Kuvertüre nach Anleitung auf der Packung schmelzen und die Gebäckstücke kopfüber in die Kuvertüre tauchen, umdrehen und auf einem Kuchengitter trocknen lassen. Sie können die Kuvertüre natürlich auch mit einem Backpinsel auftragen.

Hinweis: Der *Mannemer Dreck* hält sich luftdicht verschlossen und kühl gelagert 2 bis 3 Wochen.

Der *Mannemer Dreck* hat eine originelle Geschichte, die auf eine Episode der Stadtgeschichte Mannheims zurückgeht. Der Stadtamtsvorstand Philipp Anton von Jagemann erließ im Jahr 1822 eine Polizeivorschrift, die *„Jedermann mit zwei Reichsthalern Strafe belegte, der den im Hause gesammelten Koth mit dem Kehricht auf die Straße brachte"*. Dadurch sah sich ein zeitgenössischer Konditor mit einer gehörigen Portion Humor wohl veranlasst, sein Schaufenster mit den – aus besten Zutaten gebackenen! – Dreckhäufchen zu dekorieren, was beträchtlich zur Erheiterung des Publikums beitrug. Et voilà: der *Mannemer Dreck* war geboren!

Mannemer Dreck ist übrigens weder ein gesetzlich geschützter Name, noch gibt es dafür ein offiziell anerkanntes Rezept. Die Konditorei Herrdegen beruft sich zwar auf das Original, doch stellt jede Mannheimer Traditionskonditorei den *Mannemer Dreck* her – nach eigenem überliefertem Rezept versteht sich.

Erinnern Sie sich? 1972 setzte die Sängerin Joy Fleming dem Gebäck mit ihrem Song „Mannemer Dreck" ein musikalisches Denkmal.

Odenwälder Apfelweinkuchen

Menge für eine **Springform Ø 28 cm**

Schwierigkeit: einfach – schwieriger – anspruchsvoll

Zeitaufwand ohne Wartezeiten und Koch- bzw. Backvorgänge:
1 Stunde

Zubereitung

▶ Die Zutaten für den Mürbeteig rasch mit möglichst kalten Händen
zusammenkneten und in einen Gefrierbeutel oder in Folie verpackt
1 Stunde kühl stellen. Die Form fetten.

▶ Die Äpfel schälen, in Viertel schneiden und Stiel- und Blütenansatz
sowie das Kerngehäuse entfernen. Die Viertel in dünne Scheibchen
schneiden.

▶ Den Backofen auf **180 °C vorheizen**, den Rost auf der **untersten
Schiene** einschieben.

▶ Den Mürbeteig auf der dünn mit Mehl bestäubten Arbeitsfläche
ausrollen und die Form mit dem Mürbeteig auskleiden. Dabei einen circa 4 cm hohen Rand formen. Den Boden mit einer Gabel
stippen.

▶ Die Apfelscheibchen gleichmäßig in der Form verteilen.

▶ Aus dem Apfelwein, dem Zucker, dem Vanillezucker und dem Vanillepuddingpulver nach Packungsanleitung einen Pudding kochen. Den Pudding kurz abkühlen lassen, dann auf die Apfelscheiben in die Form geben und glattstreichen.

▶ Den Kuchen **60 Minuten** backen.
▶ Den Kuchen aus dem Ofen nehmen und in der Form abkühlen lassen. Anschließend für 3 bis 4 Stunden in den Kühlschrank stellen.
Tipp: Sie können den Kuchen auch gern über Nacht in den Kühlschrank stellen. Er kann so sein volles Aroma entwickeln.

▶ Den Kuchen auf eine Tortenplatte legen. Die Sahne in einem gut gekühlten Rührbecher steif schlagen – eventuell mit einem Tütchen Sahnesteif – und auf der Kuchenoberfläche verstreichen. Oder Sie spritzen die steifgeschlagene Sahne mit einem Spritzbeutel auf.
▶ Nach Belieben mit Kakaopulver überstäuben.

Tipp: Wenn Kinder mitessen, nehmen Sie anstelle des Apfelweins Apfelsaft.

Zutaten

Mürbeteigboden
250 g Weizenmehl, Type 405, gesiebt
1 Messerspitze Backpulver
125 g feiner Zucker
1 Päckchen *Vanillezucker* (8 g) – (s. S. 162 – beim *Haselnusskuchen Mannheimer Art*)
125 g Butter, gekühlt und in kleine Würfel geschnitten
1 Ei

Belag
1 kg Äpfel – möglichst eine Sorte, die sich zum Backen eignet wie Boskoop, Cox Orange, Elstar o. ä.

750 ml Apfelwein oder -most
180 g Zucker
1 Päckchen Vanillezucker (8 g)
2 Päckchen Vanillepuddingpulver – zum Kochen
2 Becher Sahne (400 g) – gut gekühlt – bei hohen Außentemperaturen eventuell 1 Tütchen Sahnesteif
nach Belieben Kakao zum Bestäuben

Außerdem
Mehl zum Arbeiten
Butter für die Form

Odenwälder Käsekuchen

Käsekuchen mit Baiserdecke

Menge für eine **Springform Ø 26 cm**

Schwierigkeit: einfach – schwieriger – anspruchsvoll

Zeitaufwand ohne Wartezeiten und Backvorgänge: 45 Minuten

Zubereitung

▶ Den Backofen auf **200 °C vorheizen**, den Rost auf der **untersten Schiene** einschieben.

▶ Die Zutaten für den Mürbeteig in einer weiten Rührschüssel oder auf der Arbeitsplatte mit den Händen zusammenkneten. Den Boden der Springform fetten.

▶ Die Teigkugel in die Form legen. Da der Teig sehr weich ist, lässt er sich nicht ausrollen. Man drückt ihn einfach mit der flachen Hand auf den Formboden oder behilft sich mit einer kleinen Teigrolle. Es wird kein Rand geformt.

▶ Den Boden **10 Minuten backen**. Die Form aus dem Ofen holen und den Boden in der Form abkühlen lassen. Den Backofen auf **180 °C herunterschalten.**

▶ In der Zwischenzeit die Käsemasse zubereiten. Dafür das Eigelb mit dem Zucker mit den Schneebesen des Küchenmixers zusammenrühren.

- ▶ Dann den Quark, den Schmand und zum Schluss das Öl unterrühren.
- ▶ Das Puddingpulver in die Milch einrühren und das Milchgemisch in die Quarkmasse rühren.
- ▶ 200 g (ca. 1 Tasse voll) von der Quarkmasse abnehmen und beiseite stellen, den Rest in die Springform auf den vorgebackenen Boden gießen.
- ▶ Den Kuchen zunächst **50 Minuten** backen.
- ▶ Gegen Ende der Backzeit den Baiserguss zubereiten. Dafür das Eiweiß mit der Prise Salz steif schlagen, den Zucker einrieseln lassen und weiterschlagen, bis der Schnee ganz steif ist und glänzt. Mit einem Teigspatel die zurückbehaltene Quarkmasse unterheben.
- ▶ Den Kuchen aus dem Ofen holen und den Baiserguss gleichmäßig auf dem Kuchen verteilen.
- ▶ Den Kuchen für **weitere 20 bis 25 Minuten** in den Ofen schieben – die Kuchenoberfläche sollte eine goldgelbe Farbe haben.
- ▶ Den Käsekuchen noch 15 Minuten im ausgeschalteten, leicht geöffneten Backofen (Kochlöffel in die Tür klemmen) stehen lassen, dann herausholen und in der Form weitgehend abkühlen lassen.
- ▶ Dann vorsichtig aus der Form nehmen und auf einem Kuchengitter vollständig abkühlen lassen.

Tipp: Da der Kuchen optisch nicht viel hermacht, kann man ihn mit Früchten belegen, die man mag. Dekorativ sind zum Beispiel Physalis.

Zutaten

Mürbeteig für den Boden
150 g Weizenmehl, Type 405, gesiebt
60 g Zucker
1 Prise Salz
65 g Butter, zimmerwarm
1 Ei

Käsemasse
3 Eigelbe
150 g Zucker, fein
500 g Quark, 20 % – Molke abgeschüttet
2 Becher Schmand, 24 % (400 g)
150 ml geschmacksneutrales Öl, z. B. Rapsöl

250 ml Milch, 1,5 % oder 3,5 %
1 Päckchen Puddingpulver, zum Kochen (42 g) – Sahnegeschmack

Baiserguss
3 Eiweiß
1 Prise Salz
3 große EL Zucker (50 g)
200 g von der Käsemasse (s.o)

Außerdem
Mehl zum Arbeiten
Butter für die Form
nach Belieben Puderzucker zum Bestäuben

Oden wälder Walnusskuchen

Menge für eine **Kranzform mit 1500 ml Inhalt**
oder eine **Springform mit glattem Boden Ø 24 cm**

Schwierigkeit: leicht – schwieriger – anspruchsvoll

Zeitaufwand ohne Wartezeiten, Kochen, Backen: 40 Minuten –
ohne das Karamellisieren der Walnusskerne

Zubereitung

▶ Den Backofen auf **180 °C vorheizen**, den Rost auf der **zweiten Schiene von unten** einschieben. Die Form fetten.

▶ Die Butter mit dem Zucker, der Prise Salz, dem Zimtpulver und dem Mark der Vanilleschote schaumig rühren.

▶ Die 3 Eier nacheinander unterrühren; das folgende Ei immer erst einarbeiten, nachdem das vorhergehende gut untergearbeitet ist.

▶ Die gemahlenen Walnusskerne kurz unterrühren.

▶ Das Mehl mit dem Backpulver zusammen sieben und ebenfalls unterrühren.

▶ Den Apfel schälen, vierteln, entkernen und in ganz kleine Würfelchen schneiden. Mit einem Teigspatel unter den Teig rühren.

▶ Den Teig in die Form füllen und glatt streichen.

Tipp

Ein paar karamellisierte Walnüsse auf den noch feuchten Schokoüberzug gestreut, sieht nicht nur gut aus, sondern passt auch geschmacklich hervorragend.

Dafür schmelzen Sie 2 EL Zucker (30 g) in einer Pfanne bei mittlerer Hitze. 30 g Walnusskerne grob hacken und in das goldgelbe Zuckerkaramell geben. Sofort umrühren, so dass die Nussstücke vom Karamell überzogen werden.

Achtung: Zucker verbrennt sehr schnell und wird im flüssigen Zustand extrem heiß. Wenn er zu dunkel wird, schmeckt er außerdem bitter. Man muss zügig arbeiten und sollte darauf achten, nicht mit der heißen Zuckermasse in Berührung zu kommen!

Die Walnussstücke sofort aus der Pfanne nehmen und auf einem Bogen Alufolie abkühlen lassen. Vor dem Aufstreuen etwas zerkleinern. Wer den Krokant ganz fein haben möchte, gibt die Stücke in einen Gefrierbeutel und fährt mit dem Wellholz darüber.

▶ Den Kuchen **45 bis 55 Minuten** backen. Sollte die Oberfläche zu dunkel werden, rechtzeitig mit einem Bogen Alufolie abdecken. Vor dem Herausholen die *Stäbchenprobe* (s. S. 153) machen.

▶ Den Kuchen aus dem Ofen nehmen, noch 10 Minuten in der Form stehen lassen. Dann zum Abkühlen auf ein Kuchengitter legen.

▶ Den Kuchen „pur" servieren, leicht mit Puderzucker überstäuben oder mit einer Schokoladenkuvertüre überziehen. Die Kuvertüre nach Packungsanleitung schmelzen und mit einem Pinsel oder einem breiten Messer auf den Kuchen auftragen.

Zutaten

180 g Butter, zimmerwarm
180 g feiner Zucker
1 Prise Salz
1 große Messerspitze Zimtpulver
1 Vanilleschote: das ausgeschabte Mark
3 Eier
100 g Walnusskerne, gemahlen
180 g Weizenmehl, Type 405
2 gestrichene TL Backpulver (9 g)

1 Apfel – zum Beispiel der Sorte Elstar, Cox Orange, Rubinette oder Boskoop
nach Belieben Puderzucker zum Überstäuben oder 200 g Schokoladenkuvertüre zum Überziehen des Kuchens

Außerdem
Butter für die Form

Orangenmousse-Charlotte

Menge für eine **Schüssel / Charlotteform mit Mindestinhalt 4 l**
Schwierigkeit: leicht – aufwändiger – anspruchsvoll und aufwändig
Zeitaufwand ohne Wartezeiten, Kochen, Backen: 2¼ Stunden

Zubereitung

▶ Den Backofen auf **200 °C vorheizen.**
▶ Ein Backblech mit einem Stück Backpapier auslegen.
▶ Für die helle Biskuitroulade zunächst das Eiweiß mit der Prise Salz steifschlagen, den Zucker einrieseln lassen und weiterschlagen, bis der Schnee ganz fest ist und glänzt. Die Eigelbe kurz verquirlen und auf der niedrigsten Rührstufe unter den Eischnee rühren.
▶ Mehl und Speisestärke mischen und zusammen über die Eimasse sieben. Mit einem Teigspatel oder einem großen Schneebesen unterheben.
▶ Den Teig auf das mit Backpapier ausgelegte Backblech geben und gleichmäßig verstreichen.
▶ Die Biskuitplatte auf der **dritten Schiene von unten** (in der Backofenmitte) **12 bis 14 Minuten** backen.

Zutaten

Helle Biskuitroulade

Sie brauchen für das Rezept zwei Rouladen – die Sie am besten nacheinander backen – und daher die doppelte Menge der unten angegebenen Zutaten:

3 Eiweiß **x 2**
1 kleine Prise Salz **x 2**
75 g Zucker, fein **x 2**
6 Eigelb **x 2**
40 g Weizenmehl, Type 405 **x 2**
35 g Speisestärke **x 2**
200 g Orangenmarmelade mit Schalenstreifen **x 2**
oder
150 g Orangenmarmelade ohne Schalenstreifen **x 2**

Dunkler Biskuitboden

2 Eiweiß
1 kleine Prise Salz
90 g Zucker, fein
2 Eigelb
35 g Weizenmehl, Type 405
35 g Speisestärke
1 gehäufter EL Kakaopulver (10 g)
1 große Messerspitze Backpulver

Orangenmousse

4 Eigelb
100 g Zucker
Schalenabrieb von 1 unbehandelten Orange
Schalenabrieb von ½ unbehandelten Zitrone
Saft von 2 Orangen (das sind circa 140 bis 170 ml), gesiebt, um etwaige Kerne zu entfernen
150 ml Weißwein, trocken
40 ml Orangenlikör (Cointreau oder Grand Marnier)
50 g Marzipan, in kleine Stücke geschnitten
6 Blatt Gelatine
4 Eiweiß
1 Prise Salz
25 g Zucker
400 g Sahne (2 Becher à 200 g)

Zum Überziehen

150 g Orangenmarmelade mit Schalenstreifen **oder**
100 g Orangenmarmelade ohne Schalenstreifen
eventuell 1 bis 2 EL Wasser oder Orangensaft

Außerdem

2 Bogen Backpapier für das Backblech
1 Bogen Backpapier für den Springformboden

Die Größe des dunklen Biskuitbodens richtet sich nach dem oberen Durchmesser der verwendeten Charlotteform bzw. Schüssel. Misst diese zum Beispiel 24 cm, sollte zum Backen des dunklen Biskuitbodens eine Form mit mindestens diesem Durchmesser genommen werden. Besser ist es in jedem Fall, eine Springform mit etwas größerem Durchmesser zu nehmen, so dass die Biskuitplatte auf die erforderliche Größe zugeschnitten werden kann. Außerdem fällt so auch gleich der etwas trockene Rand des Bodens weg.
Für die Charlotte sollte der dunkle Boden maximal 2 cm hoch sein. Wird Ihr Biskuit wesentlich höher, können Sie die Scheibe horizontal teilen und den zweiten Boden anderweitig verwenden, z. B. für ein Schichtdessert.

Klarsichtfolie zum Ausschlagen der Charlotteform oder Schüssel

Da die Torte mindestens 8 Stunden gekühlt werden muss – besser noch über Nacht –, kann sie gut am Vortag zubereitet werden.

Die Charlotte macht viel Arbeit, deshalb backt man sie wahrscheinlich nicht so oft, am ehesten wohl zu einem großen Anlass, wenn man viele Gäste hat.

▶ Das Backblech herausnehmen und mit einem sauberen Küchentuch bedecken. Ein Kuchengitter oder ein ausreichend großes Holzbrett darauflegen und alles zusammen mit Schwung umdrehen. Das Kuchenblech nicht abnehmen. Alles circa 5 Minuten ruhen lassen. Durch die Feuchtigkeit, die sich unter dem Backblech bildet, wird die Biskuitplatte schön geschmeidig und lässt sich dann gut aufrollen.

▶ In der Zwischenzeit die Orangenmarmelade bei mäßiger Hitze erwärmen. Etwa vorhandene Schalenstücke entfernen, indem man

die Marmelade durch ein feines Sieb passiert. Marmelade ohne Stücke nur erwärmen.

▶ Backblech und Backpapier von der Biskuitplatte entfernen und die Marmelade gleichmäßig auf der Platte verstreichen. Dann die Platte von der Längsseite her möglichst eng aufrollen. Zum Abkühlen mit der Naht nach unten auf ein Kuchengitter legen und beiseite stellen.

▶ Für die zweite Biskuitroulade gehen Sie genauso vor. Sie können den Teig für die zweite Roulade zubereiten, während die erste im Ofen ist.

- ▶ Nachdem Sie die zweite Roulade aus dem Ofen geholt haben, schalten Sie diesen auf **180 °C herunter** und schieben den Back- ofenrost auf der **zweiten Schiene von unten** ein.
- ▶ Für den dunklen Biskuitboden den Boden der Springform mit Backpapier belegen und in den Springformrand einspannen.
- ▶ Das Eiweiß mit der Prise Salz steifschlagen, den Zucker einrieseln lassen und weiterschlagen, bis der Schnee ganz fest ist und glänzt. Die Eigelb kurz verquirlen und auf der niedrigsten Rührstufe unter den Eischnee rühren.
- ▶ Mehl, Speisestärke, Kakaopulver und Backpulver mischen und zusammen über die Eimasse sieben. Mit einem Teigspatel oder einem großen Schneebesen unterheben.
- ▶ Den Teig in die Springform geben und glattstreichen.
- ▶ Den Biskuit **15 bis 18 Minuten** backen.
- ▶ Den Biskuit aus dem Ofen nehmen, noch 10 Minuten in der Form stehen lassen, dann aus der Form nehmen und auf einem Kuchen- gitter abkühlen lassen.
- ▶ In dieser Zeit die Orangenmousse zubereiten.
- ▶ Die Eigelbe mit dem Zucker und dem Zitrusfrüchteabrieb im Was- serbad mit den Schneebesen des Handmixers gründlich verrühren.
- ▶ Die Gelatineblätter in kaltes Wasser einlegen.
- ▶ Dann den Saft der Orangen, den Weißwein und den Orangenlikör zufügen und weiterschlagen, bis die Creme eine hell-schaumige Konsistenz hat und dicklich wird. Dann das fein geriebene Marzi- pan zufügen und unter Rühren in der Creme auflösen.
- ▶ Die Rührschüssel vom Wasserbad nehmen.
- ▶ Die Gelatineblätter gut ausdrücken und in der heißen Flüssigkeit auflösen.
- ▶ Die Creme kalt stellen, bis sie anzieht. Wenn es etwas schneller ge- hen soll, kann man die Rührschüssel mit der Creme auch in kaltes Wasser stellen, dann sollte man jedoch ab und zu umrühren.
- ▶ Das Eiweiß mit der Prise Salz steif schlagen, den Zucker einrieseln lassen und nur so lange weiterschlagen, bis der Schnee eine cre- mig-steife – keine flockige! – Konsistenz hat.
- ▶ Die Sahne steif schlagen und zusammen mit dem Eischnee unter- ziehen.

Fertigstellung
- ▶ Die Charlotteform oder Schüssel mit Klarsichtfolie ausschlagen.
- ▶ Etwa ¾ von der ersten Biskuitroulade in ¾ bis 1 cm dicke Scheiben schneiden. Den Rest dieser Roulade und die zweite in circa 2 cm dicke Scheiben schneiden.

  Achtung: Es ist kaum möglich, genau anzugeben, wieviele der Bis- kuitrouladenscheiben Sie zum Auslegen der Schüssel und wieviele Sie für die Füllung brauchen. Das hängt auch von der Form der Schüssel ab und davon, wie gedrängt die Scheiben eingeschichtet werden. Es kann sein, dass Sie einige der dickeren Rouladenscheiben nicht mehr unterbekommen. Diese kann man dann zum Bei-spiel als süße Kleinigkeit für zwischendurch genießen.

▶ Die Charlotteform dicht an dicht bis einige Zentimeter unter den Rand mit den schmaleren Rouladenscheiben auslegen.
▶ Einen kleinen Teil der Mousse einfüllen, mit einer Lage Rouladen-scheiben, die 2 cm dick sind, abdecken und eine weitere Cremepor-tion einfüllen. Mit den verbliebenen Rouladenscheiben bedecken und den Rest der Creme daraufgeben.
▶ Den dunklen Biskuitboden – falls nötig auf die passende Größe zu-schneiden – und als Abschluss, als unteren Boden, auf die Creme in die Schüssel legen und leicht andrücken.
▶ Abgedeckt über Nacht ins Kalte stellen.
▶ Vor dem Servieren die Charlotte auf eine Kuchenplatte stürzen und die Klarsichtfolie abziehen.
▶ Die Orangenmarmelade bei mäßiger Hitze flüssig werden lassen, falls nötig passieren und, wenn erforderlich, mit etwas Wasser oder Orangensaft verdünnen. Die Charlotte gleichmäßig damit überzie-hen.

Tipp: Nach Belieben mit Sahnerosetten am Rand verzieren.

Rahmkuchen

Cafe Prinz Carl, Schwetzingen

Menge für eine konische **Springform**
28 cm (Boden) / 32 cm (oberer Rand)
Schwierigkeit: einfach – schwieriger – anspruchsvoll
Zeitaufwand ohne Wartezeiten, Kochen, Backen: 45 Minuten

Zubereitung

Da die Zutaten für einen Hefeteig bei der Verarbeitung Zimmertemperatur haben sollten, ist es sinnvoll, alle Zutaten mindestens 1 bis 2 Stunden vor Arbeitsbeginn am Arbeitsplatz zu richten. Außerdem empfiehlt sich zum Kneten des Teigs ein Holzbrett, da der Teig auf diesem beim Arbeiten seine Wärme behält.

▶ Das Mehl in eine große Rührschüssel sieben, in die Mitte eine Vertiefung drücken, die Hefe hineinbröckeln und mit der Milch und etwas Mehl „glatt rühren".
▶ Diesen Vorteig mit einem Tuch abgedeckt 15 Minuten an einem warmen Ort gehen lassen.
Tipp: Heizen Sie den Backofen auf 50 °C vor und stellen Sie unten eine Tasse Wasser hinein. So kann der Backofen als „Gärschrank" genutzt werden.

- ▶ Die Butter bei mäßiger Hitze zerlassen, mit dem Zucker, dem Salz und dem Ei zum Vorteig geben und alles zusammen mit den Knethaken des Küchenmixers oder der Küchenmaschine zusammenarbeiten. Den Teig aus der Schüssel nehmen und auf der Arbeitsplatte walken, bis er glatt und fest ist und sich zu einer geschmeidigen Kugel formen lässt.
- ▶ Den Hefeteig zugedeckt nochmals 15 Minuten gehen lassen.
- ▶ Den Backofen auf **180 °C vorheizen**, den Rost auf der **zweiten Schiene von unten** einschieben. Die Backform fetten.
- ▶ In der Zwischenzeit für die Füllung den Schmand mit den Eiern, dem Salz und dem Zitronensaft glatt rühren.
- ▶ Das Mehl in eine Schüssel sieben und mit dem Zucker mischen, unter die Schmand-Eier-Masse rühren.
- ▶ Die Sahne steif schlagen und unterheben.
- ▶ Den gegangenen Teig nochmals kurz durchkneten, dann auf der leicht mit Mehl bestäubten Arbeitsplatte zu einem Kreis, etwas größer als die Backform, ausrollen.
- ▶ Die Backform mit dem Hefeteig auskleiden, dabei einen 3 bis 4 cm hohen Rand formen.
- ▶ Die Füllung hineingießen.
- ▶ Den Zucker mit dem Zimt mischen und gleichmäßig über den Kuchen streuen.
- ▶ Den Rahmkuchen **circa 35 Minuten backen**.
- ▶ Nach Ende der Backzeit den Kuchen aus dem Ofen nehmen, noch 10 Minuten in der Form stehen lassen, dann vorsichtig aus der Form nehmen und auf einem Kuchengitter vollständig abkühlen lassen.

Schmeckt ganz frisch am besten.

Zutaten

Hefeteig
340 g Weizenmehl, Type 405
20 g Frischhefe (½ Hefewürfel)
125 ml Milch, 1,5 % oder 3,5 %, lauwarm
80 g Butter
60 g feiner Zucker
1 große Prise Salz
1 Ei

Füllung
500 g Schmand (24 %)
7 Eier

1 Prise Salz
1 EL Zitronensaft
115 g Weizenmehl, Type 405
115 g feiner Zucker
320 g Sahne, gut gekühlt

Zucker-Zimt-Mischung
30 g feiner Zucker
1 gestrichener EL Zimt (3 g)

Außerdem
Mehl zum Arbeiten
Butter für die Form

Rhabarberkuchen
mit Kokosbaiserhaube

Ralf's Backstube – Familie Lutzki,
Eberbach-Pleutersbach

Menge für ein **Backblech 30 x 40 cm**

Schwierigkeit: einfach – schwieriger – anspruchsvoll

Zeitaufwand ohne Wartezeiten und. Backvorgänge: 1 Stunde

Zubereitung

▸ Den Rhabarber schälen und in circa 1 cm lange Stücke schneiden. Beiseite stellen.

▸ Den Backofen auf **180 °C vorheizen**. Bei Verwendung einer Springform: Den Ofenrost auf der **zweiten Schiene von unten** einschieben. Das Backblech bzw. die Springform einfetten.

▸ Für den Rührteig zunächst die weiche Butter zusammen mit dem Zucker, der Prise Salz und dem Mark der Vanilleschote schaumig rühren.

▸ Jetzt die Eier einzeln unterrrühren. Das folgende Ei immer erst dann unterrühren, wenn das vorhergehende gut eingearbeitet ist.

- ▶ Das Mehl und das Backpulver zusammen sieben und unter die Butter-Eier-Masse rühren.
- ▶ Den Teig auf das Backblech bzw. in die Springform geben und möglichst gleichmäßig verstreichen.
- ▶ Die Rhabarberstücke gleichmäßig auf dem Teig verteilen.
- ▶ Das Backblech auf der **zweiten Schiene von unten** einschieben.
- ▶ Den Kuchen **25 bis 30 Minuten** backen.
- ▶ Kurz vor Ende der Backzeit für das Kokosbaiser die 4 Eiweiß mit der Prise Salz steif schlagen, den Zucker einrieseln lassen und weiter-

Zutaten

Rührteig
175 g Butter, zimmerwarm
175 g feiner Zucker
1 Prise Salz
1 Vanilleschote: das ausgekratzte
  Mark
5 Eier
300 g Weizenmehl, Type 405
3 gestrichene TL Backpulver (12 g)

Obstbelag
1,5 kg Rhabarber

Kokosbaiser
4 Eiweiß
1 kleine Prise Salz
200 g feiner Zucker
50 Kokosraspeln

Außerdem
Butter für die Form

schlagen, bis die Masse ganz fest ist und glänzt. Die Kokosraspeln unterheben.

▶ Das Baiser auf den Kuchen streichen, aber nicht bis ganz an den Rand, da sich die Eiweißmasse beim Backen ausdehnt.

▶ Den Kuchen **weitere 15 bis 20 Minuten** backen.

▶ Den Kuchen aus dem Ofen nehmen und noch 10 Minuten in der Form stehen lassen, dann herausnehmen und auf einem Kuchengitter ganz abkühlen lassen.

Nach Belieben vor dem Servieren leicht mit Puderzucker überstäuben.

Tipp: Soll der Kuchen festlich aussehen, können Sie den Puderzucker mit einer Schablone aufstäuben.

Wenn Ihnen ein Backblech zu viel ist, backen Sie einen kleineren Kuchen in einer Springform. Sie nehmen dann die halbe
Menge der Zutaten und anstelle der 5 Eier Größe M nehmen Sie
3 Eier der Größe S. Die Kuchenform sollte einen Durchmesser
von 28 cm haben.

Und wenn Sie viel Baiser mögen, nehmen Sie für den Spring-
formkuchen die ganze Menge der Baiserzutaten, also 4 Eiweiß,
1 Prise Salz, 200 g Zucker, 50 g Kokosraspeln.

Rhabarberrahmkuchen

Chocolaterie im Gasthaus „Zur Burg", Eva Heß,
Neckargemünd-Dilsberg

Menge für eine **Springform Ø 28 cm**

Schwierigkeit: leicht – nicht ganz einfach – anspruchsvoll

Zeitaufwand ohne Wartezeiten, Kochen, Backen: 1 Stunde 15 Minuten

Zubereitung

▶ Die Zutaten für den Mürbeteig rasch mit möglichst kalten Händen zusammenkneten, eine Kugel formen und diese in Frischhaltefolie oder einen Gefrierbeutel verpackt für 1 Stunde im Kühlschrank ruhen lassen. Die Form fetten.

▶ In der Zwischenzeit die Zutaten für die Streusel mit den Händen zusammenkneten und bis zur weiteren Verarbeitung kühl stellen.

▶ Den Rhabarber schälen und in 2 bis 3 cm lange Stücke schneiden.

▶ Den Backofen auf **200 °C vorheizen**, den Rost auf der **untersten Schiene** einschieben.

▶ Circa 2/3 des Mürbeteigs dünn ausrollen und einen Kreis in Größe des Springformbodens ausschneiden. Den verbliebenen Mürbeteig zusammenkneten und wieder kühl stellen.

Zutaten

Mürbeteig
240 g Weizenmehl, Type 405, gesiebt
80 g Puderzucker, gesiebt
1 Prise Salz
120 g Butter, gekühlt und in kleine Würfel zerteilt
1 Ei

Belag
80 g Aprikosenkonfitüre
100 g Keks- oder Zwiebackbrösel – falls Sie sehr jungen Rhabarber nehmen, der noch viel Saft abgibt, nehmen Sie etwas mehr Brösel
800 g Rhabarber

Rahmguss
375 ml Milch, 1,5 % oder 3,5 %
120 g Sahne
120 g Zucker
75 g Butter
3 Eier
1 Päckchen Vanillepuddingpulver (42 g) – zum Kochen
20 ml Rum

Streusel
100 g Butter
60 g Zucker
160 g Weizenmehl, Type 405, gesiebt

nach Belieben Puderzucker zum Bestäuben

Außerdem
Butter für die Form
Mehl zum Arbeiten

Den Boden der Form fetten, die runde Mürbeteigplatte hineinlegen, mit einer Gabel stippen und **10 Minuten** backen.

▸ Die Form aus dem Ofen holen und etwas abkühlen lassen.

▸ Den Ofen auf **190°C herunterschalten.**

▸ Den Rand der Springform fetten und mit dem restlichen Mürbeteig
einen circa 4 cm hohen Rand formen. Den Randstreifen an der Ver-
bindungsstelle zum vorgebackenen Boden gut andrücken.

▸ Die Aprikosenkonfitüre gleichmäßig auf dem Boden verstreichen.
Tipp: Falls die Konfitüre sehr fest ist, erwärmen Sie sie kurz in einem kleinen Töpfchen bei mittlerer Hitze und rühren Sie sie glatt.

▸ Die Keks- bzw. Zwiebackbrösel darüberstreuen und die Rhabarberstücke gleichmäßig in der Form verteilen.

▸ Für den Rahmguss Milch, Sahne, Zucker und Butter zusammen erhitzen, bis Zucker und Butter geschmolzen sind.

▸ In einer Schüssel Eier, Puddingpulver und Rum mit dem Schneebesen glatt schlagen.

- ▶ Die Eimischung in die heiße Milch rühren und unter Rühren einmal kurz aufkochen lassen.
- ▶ Die heiße Creme über den Rhabarber in die Form geben und glatt streichen.
- ▶ Die Streusel darüber streuen.
- ▶ Den Kuchen **55 bis 60 Minuten** backen.
- ▶ Den Kuchen aus dem Ofen holen und zunächst noch eine halbe Stunde in der Form stehen lassen. Dann aus der Form nehmen und auf einem Kuchengitter vollständig abkühlen lassen.

Nach Belieben vor dem Servieren mit etwas Puderzucker überstäuben.

Sacher Torte

Café Erdmann, Hirschberg-Leutershausen

Menge für eine **Springform Ø 18 cm**

Schwierigkeit: leicht – schwieriger – anspruchsvoll

Zeitaufwand ohne Wartezeiten, Kochen, Backen: 45 Minuten

Zubereitung

▸ Den Backofen auf **190 °C vorheizen**, den Rost auf der **zweiten Schiene von unten** einschieben. Die Form fetten.

▸ Die Kuvertüre im Wasserbad bei mäßiger Hitze schmelzen, aus dem Wasserbad nehmen und zum Abkühlen beiseite stellen.

▸ Das Eiweiß steif schlagen, den Zucker einrieseln lassen und weiterschlagen, bis der Schnee eine cremig-steife Konsistenz hat. Bis zur weiteren Verarbeitung in den Kühlschrank stellen.

▸ Die Butter mit den 50 g Zucker in einer kleinen, möglichst schmalen Rührschüssel hell-schaumig aufschlagen, die Eier kurz verquirlen und in mehreren Portionen zugeben und unterrühren.

▸ Die geschmolzene Kuvertüre unterrühren.

- ▶ Den Eischnee von Hand mit einem Spatel unterheben, dabei nicht unnötig lange rühren, um möglichst wenig Luft herauszuarbeiten.
- ▶ Das Mehl mit dem Backpulver zusammen sieben und ebenfalls von Hand unter den Teig heben.
- ▶ Den Teig in die Backform füllen und glattstreichen.
- ▶ Den Kuchen **35 bis 40 Minuten** backen. Die *Stäbchenprobe* (s. S. 153) machen.
- ▶ Den Kuchen aus dem Ofen nehmen, noch 10 Minuten in der Form stehen lassen. Dann zum Abkühlen auf ein Kuchengitter legen.
- ▶ Von dem völlig abgekühlten Kuchen die Teigausstülpung, die beim Backen oben am Kuchen entsteht, plan abschneiden (und für etwas anderes verwenden, z. B. für ein Schichtdessert), dann den Kuchen einmal quer durchschneiden.
- ▶ Den unteren Boden auf eine Kuchenplatte legen.
- ▶ Die Aprikosenmarmelade in einem Töpfchen erhitzen und durch ein Sieb passieren. Einige Esslöffel der passierten Marmelade auf dem unteren Boden verstreichen, den zweiten Boden aufsetzen und leicht andrücken. Den ganzen Kuchen mit der restlichen passierten Marmelade bestreichen. Die Marmelade eine halbe Stunde trocknen lassen.
- ▶ Die Kuvertüre nach Packungsanleitung schmelzen und die Sachertorte damit überziehen.

Tipp: Wer geschickt ist, kann, nachdem der Schokoladenüberzug fest geworden ist, mit geschmolzener Kuvertüre, die man in einen kleinen, aus Butterbrotpapier selbst hergestellten Spritzbeutel gibt (nur eine winzige Spitze unten abschneiden), den Schriftzug *Sacher* auf die Torte spritzen.

Kakaopulver durch ein feines Sieb über die Sacher gepudert, ergibt eine schöne samtige Oberfläche.

Zutaten

Rührteig
100 g Butter, zimmerwarm
50 g feiner Zucker
2 Eier der Größe M (100 g Ei)
100 g dunkle Kuvertüre
Eiweiß von 3 Eiern der Größe M (100 g)
50 g feiner Zucker
100 g Weizenmehl, Type 405

1 gestrichener TL Backpulver (4 g)

Fertigstellung
130 g Aprikosenmarmelade – passiert circa 100 g
200 g dunkle Kuvertüre

Außerdem
Butter für die Form

Schwarzwälder Kirschtorte

Menge für eine **Springform Ø 26 cm**

Schwierigkeit: einfach – schwieriger – anspruchsvoll und aufwändig

Zeitaufwand ohne Wartezeiten und Koch- bzw. Backvorgänge: 2 Std.

Zubereitung

Tipp: Den Wiener Boden **am Vortag** zubereiten; er lässt sich dann zum Füllen der Torte besser schneiden.

▶ Für den Wiener Boden die Eier zusammen mit dem Zucker in einen Topf mit nicht zu kleinem Durchmesser geben und bei mittlerer Hitze unter ständigem Rühren erwärmen. Dabei verflüssigt sich die Mischung etwas. Sie sollte jedoch nur handwarm werden, da die Eier bei größerer Hitze stocken.

▶ Die Masse in die Schüssel einer Küchenmaschine umfüllen und so lange mit dem Schneebesen schlagen, bis sie wieder kühl ist und einen guten Stand hat – das dauert 8 bis 10 Minuten. Das Ganze geht natürlich auch mit einem Handmixer.

- ▶ In der Zwischenzeit die Butter auf kleiner Hitze schmelzen, aber nicht heiß werden lassen.
- ▶ Den Ofen auf **170° C vorheizen**. Den Rost auf der **zweiten Schiene von unten** einschieben.
- ▶ Den Bogen Backpapier auf den Springformboden legen und den Boden mitsamt dem Papier in den Springformrand einspannen. Die Ränder der Form nicht fetten!
- ▶ Das Mehl mit der Speisestärke und dem Kakao mischen, alles auf die aufgeschlagene Ei-Zucker-Mischung sieben und vorsichtig, aber zügig mit einem Spatel unterheben – dabei so wenig Luft wie nur irgend möglich herausrühren. Gegen Ende die flüssige Butter unterziehen.
- ▶ Die Masse in die Springform füllen, glatt streichen und **35 bis 40 Minuten** backen.
- ▶ Den Boden 10 Minuten ruhen lassen, dann zum Auskühlen aus der Form nehmen.
- ▶ Den vollständig abgekühlten Wiener Boden über Nacht gut verpackt in Alufolie ruhen lassen.

Zutaten

Wiener Boden
7 Eier
200 g feiner Zucker
150 g Weizenmehl, Type 405
50 g Speisestärke
30 g Kakaopulver
50 g Butter

Füllung
1 Glas Sauerkirschen mit Saft
  (350 g Abtropfgewicht)
30 g Zucker
2 gestrichene EL Speisestärke
  (18 g)
1 EL Kirschwasser, 40 % (10 ml)
1000 g Schlagsahne
70 g Zucker
6 Blatt weiße Gelatine
80 ml Kirschwasser, 40 %

Tränke
60 ml Kirschwasser, 40 %
für 40 ml Läuterzucker 25 ml Wasser
25 g Zucker

Fertigstellung und Dekoration
500 g Schlagsahne
1 Tafel Zartbitterschokolade
  (100 g), z. B. die 70 %ige
nach Belieben fertig gekaufte
  Schokoelemente

Außerdem
Backpapier für den Boden der
  Springform zum Backen des
  Wiener Bodens
ein Bogen Alufolie zum Verpacken
  des Wiener Bodens
ein verstellbarer Tortenring
ein Spritzbeutel mit großer Rosetten- oder Sterntülle

Am nächsten Tag

▶ Für die Füllung die Sauerkirschen abtropfen lassen, den Saft auffangen und 250 ml davon abmessen. 3 EL davon abnehmen und die Speisestärke damit glattrühren. Den restlichen Saft mit dem Zucker aufkochen. Die angerührte Speisestärke zum Kirschsaft geben und einmal aufkochen lassen.

▶ 16 bzw. 8 (falls Sie zur Dekoration neben den Kirschen Schokoelemente nehmen wollen) Kirschen für die Dekoration beiseite legen, die restlichen Kirschen und den EL Kirschwasser vorsichtig in den angedickten Saft einrühren. Völlig abkühlen lassen.

▶ Für die Tränke des Bodens zunächst den Läuterzucker herstellen. Dafür 25 ml Wasser mit 25 g Zucker aufkochen und 1 Minute kochen lassen; kurz abkühlen lassen und mit dem Kirschwasser mischen. Beiseite stellen.

▶ Für die Füllung die Gelatineblätter in einen Teller mit kaltem Wasser legen.

▶ Die Sahne steif schlagen.

Tipp: Wenn Sie die ganze Sahne auf einmal verarbeiten wollen, empfiehlt sich die Verwendung einer Küchenmaschine mit großer Rührschüssel. Wenn Sie den Handmixer nehmen, ist es meiner Erfahrung nach besser, die Menge in mindestens zwei Portionen zu teilen, da die Sahne lockerer wird, wenn man sie in kleineren Mengen aufschlägt. Gegen Ende fügen Sie den Zucker zu und rühren die Sahne bis zum gewünschten Steifegrad fertig.

▶ Gelatine gut ausdrücken und in einem Töpfchen bei mittlerer Hitze erwärmen, bis sie flüssig ist. Das Kirschwasser zufügen. Einige Esslöffel der steifgeschlagenen Sahne unterrühren und diese Masse dann mit einem Schneebesen oder einem Teigspatel gleichmäßig unter die Sahne ziehen.

Zusammensetzen der Torte

▶ Den Wiener Boden zweimal waagerecht durchschneiden und den unteren Boden auf eine Tortenplatte legen.

▶ Einen verstellbaren Tortenring um den Boden legen, den Ring stramm anziehen.

▶ Die Hälfte der Tränke mit Hilfe eines Pinsels auf dem Boden verteilen.

▶ Nun die Kirschmasse auf den Boden geben, dabei nicht zu weit zum Rand hin verstreichen und auch die Mitte aussparen – so lässt sich die Torte später besser schneiden.

▶ Mit einem Teil der Sahne die Kirschen bedecken und die Schicht glatt streichen.

- Den zweiten Boden auflegen, leicht andrücken und mit dem Rest der Tränke befeuchten.
- Eine weitere Schicht Schlagsahne darauf verstreichen und den Deckel des Wiener Bodens mit der Oberseite nach unten auflegen, so dass die Tortenoberfläche ganz eben ist.
- Etwas Sahne auf der Oberseite verstreichen, dann die Torte für mindestens 2 Stunden kühl stellen.

Fertigstellung und Dekoration
- Für die Dekoration mit einem Messer von der Schokoladentafel Schokospäne abschaben. Diese bis zur Verwendung kühl stellen.
- Die Torte aus dem Kühlschrank nehmen, mit einem Messer am Innenrand des Tortenringes entlang fahren, den Ring öffnen und nach oben abziehen.
- Die Sahne steif schlagen. Sahne für 16 üppige Tuffs in einen Spritzbeutel mit Tülle füllen. Den Spritzbeutel ins Kalte legen.
- Mit der restlichen Sahne die ganze Torte überziehen, insbesondere die Ränder. Nehmen Sie dazu ein langes Messer mit glatter Klinge oder eine Tortenpalette.
- Den Tortenrand können Sie mit einer Teigkarte mit Zackenkante verzieren.
- Auf der Tortenoberfläche 16 gleich große Stücke markieren und mit der zurückbehaltenen Sahne 16 Rosetten aufspritzen. Die Kirschen – oder wechselweise eine Kirsche und ein Schokoladenelement – darauf setzen. In die Mitte die Schokospäne streuen.

Schokoladentorte mit Birnen

Menge für eine **Springform Ø 26 cm**

Schwierigkeit: einfach – schwieriger – anspruchsvoll

Zeitaufwand ohne Wartezeiten, Kochen, Backen: 45 Minuten

Zubereitung

► Zuerst die Birnen in ein Sieb schütten und gut abtropfen lassen. Dann jede Birnenhälfte auf der gewölbten Seite fächerförmig einschneiden und auf ein Küchenkrepp legen.

► Für den Schokoladenboden die Schokolade in grobe Stücke brechen und zusammen mit der grob gewürfelten Butter im mäßig warmen Wasserbad schmelzen.

► Den Ofen auf **160 °C** vorheizen, den **Rost auf der zweiten Schiene von unten** einschieben.

► Den Bogen Backpapier auf den Boden der Backform legen und den Boden in den Springformrand einspannen. Den Rand der Form weder fetten noch mit einem Papierstreifen verkleiden.

► Sind Schokolade und Butter geschmolzen, füllt man die Masse in eine Rührschüssel um und rührt Zucker, Vanillezucker, die Prise

In diesem Rezept werden Birnen aus der Dose verwendet. Sie können natürlich auch frische Birnen nehmen, dann allerdings eine Sorte, die beim Dünsten weich wird, ohne gleich zu zerfallen – z. B. die Konferenzbirne oder die Kaiser Alexander. Die Birnen werden geschält, halbiert, entkernt und in wenig Weißwein weichgedünstet. Dann verfahren Sie weiter wie mit den Konservenfrüchten.

Zutaten

Schokoladenboden
150 g Zartbitterschokolade, 70 %
    Kakaoanteil
150 g Butter
150 g Zucker
1 Päckchen *Vanillezucker* (8 g) –
    (s. S. 162 – beim *Haselnuss-*
    kuchen Mannheimer Art)
1 Prise Salz
150 g gemahlene Mandeln
1 leicht gehäufter TL Weizenmehl,
    Type 405 (5 g)
1 gestrichener TL Backpulver (4 g)
3 Eier

Belag
1 Dose Williams-Christ Birnen –
    halbe Früchte (Nettogew. 820 g,
Abtropfgewicht 460 g) oder 4 bis
    5 frische Birnen
400 g Sahne (2 Becher à 200 g),
    gut gekühlt
2 gestrichene EL Zucker (knapp
    30 g)
bei sehr hohen Außentempera-
    turen zusätzlich 2 Päckchen
    Sahnesteif
Kuvertüre zum Besprenkeln der
    Sahnedecke oder Schokoflocken

Außerdem
Backpapier für den Boden der
    Springform
ein kleiner Gefrierbeutel für die
    geschmolzene Kuvertüre

Salz, Mandeln, Mehl und Backpulver, die man zuvor zusammen durchgesiebt hat, nacheinander unter.

▶ In die vollständig abgekühlte Masse werden dann – am besten mit einem Teigspatel oder einem Kochlöffel – die Eier eingerührt, und zwar eines nach dem anderen. Erst wenn sich ein Ei mit der Masse gut verbunden hat, das nächste dazugeben.

▶ Die Masse in die vorbereitete Form füllen. Der Teig verteilt sich von selbst in der Form, er muss nicht glatt gestrichen werden.

▶ Den Kuchen **40 bis 45 Minuten** backen und dann in der Form weitgehend abkühlen lassen.

▶ Wenn er beim Aufschneiden innen noch etwas klebrig ist, ist die Konsistenz richtig.

▶ Den vollständig abgekühlten Schokoladenboden auf eine Kuchenplatte legen und mit den fächerförmig eingeschnittenen Birnenhälften belegen.

- ▶ Die Sahne halb steif schlagen, den Zucker – gegebenenfalls gemischt mit dem Sahnesteif – einrieseln lassen und weiterschlagen, bis die Sahne fest ist.
- ▶ Die Sahne mit einem Esslöffel über die Birnenhälften streichen. Wer sich die Mühe machen möchte, kann natürlich auch die Sahne mit Hilfe eines Spritzbeutels aufdressieren.
- ▶ Mit geschmolzener Kuvertüre oder mit Schokoflocken dekorieren.

Tipp: Die **Kuvertüre** kleinhacken und in einen Gefrierbeutel geben. Diesen gut zuknoten und in heißes Wasser legen, jedoch so, dass kein Wasser in den Beutel gelangen kann. Sobald die Kuvertüre geschmolzen ist, den Beutel herausnehmen, abtrocknen und eine winzige Ecke unten abschneiden. Die Kuvertüre über die Sahne sprenkeln.

Schokoflocken kann man leicht selbst herstellen, indem man mit einem Messer mit glatter Klinge auf der Rückseite einer Schokoladentafel Späne abschabt.

Weiße Schokoladenmousse-Torte mit roten Früchten auf Himbeer-Anis-Biskuit

Confiserie Freundt, Mannheim

Menge für **eine Torte mit 18 oder 20 cm Ø**

Schwierigkeit: einfach – schwieriger – anspruchsvoll

Zeitaufwand ohne Wartezeiten, Kochen, Backen:
1 Stunde 15 Minuten

Zubereitung

▶ Den Backofen auf **200 °C vorheizen**. Den Rost auf der **zweiten Schiene von unten** einschieben.

▶ Für die Biskuitböden die Eiweiß mit der Prise Salz steif schlagen, eine Hälfte des Zuckers einrieseln lassen und weiterschlagen, bis der Schnee eine cremig-steife Konsistenz hat.

▶ Die Eigelb mit der anderen Hälfte des Zuckers schaumig aufschlagen.

- ▶ Den Eischnee in 2 Portionen unter die Eigelb-Zucker-Masse heben, dann das gesiebte Mehl unterheben. Dabei nicht unnötig lange rühren, nur so lange, bis das Mehl gerade eingearbeitet ist.
- ▶ Den Boden der Springform mit Backpapier belegen und in den Formrand einspannen.
- ▶ Die Hälfte des Biskuitteigs einfüllen und glattstreichen.
- ▶ Nach Belieben gleichmäßig mit Anis* bestreuen und mit der Hälfte der Himbeeren belegen.
- ▶ **10 bis 12 Minuten** backen. Die Biskuitböden sollen schön hell bleiben.
- ▶ Die Biskuitböden aus dem Ofen holen, kurz stehen lassen, dann aus der Form nehmen und auf einem Kuchengitter abkühlen lassen.
- ▶ Den zweiten Boden genauso backen.
- ▶ In der Zwischenzeit die Beeren vorbereiten: Möglichst nicht waschen, höchstens leicht abbrausen, trockentupfen und verlesen.
- ▶ Für die Schokoladenmousse die Gelatine in kaltem Wasser einweichen und die Milch zum Kochen bringen. Die Gelatine gut ausdrücken und in der heißen, aber nicht mehr kochenden Milch auflösen.

Zutaten

Himbeer-Anis-Biskuitböden
2 Eier, getrennt
60 g Zucker, fein
1 Prise Salz
60 g Weizenmehl, Type 405, gesiebt
Anis*-Samen oder -pulver nach Belieben
100 g Himbeeren

Füllung
weißes Schokoladenmousse Light
125 ml Milch, 3,5 %
3 Blatt Gelatine
240 g weiße Schokolade: *Opalys* von Valrhona oder eine andere gute weiße Kuvertüre
300 g Sahne

Früchte
250 g rote Beerenfrüchte: Himbeeren, Erdbeeren, Johannisbeeren, Heidelbeeren und / oder Brombeeren

Dekoration
einige Himbeeren, Erdbeeren, Johannisbeeren, Brombeeren oder was Sie mögen
etwas Puderzucker zum Überstäuben

Außerdem
Backpapier für die Springform – für 2 Backvorgänge
ein Tortenring

* Anis ist nicht jedermanns Sache. Falls Sie es nicht mögen, lassen Sie es einfach weg.

- Die weiße Schokolade in eine hitzebeständige und gut hitzelei-
tende Rührschüssel geben und auf einen Topf setzen, der einige
Zentimeter hoch mit kochendem Wasser gefüllt ist. Der Schüs-
selboden sollte nicht im Wasser hängen, sondern nur im Wasser-
dampf. Außerdem muss darauf geachtet werden, dass kein Wasser
in die Schokolade gelangt. Während des Schmelzvorgangs ab und
zu umrühren.
- Die Schokolade aus dem Wasserbad nehmen und die heiße Milch
in 5 Portionen unterrühren.
- Die Schokoladenmasse zum Abkühlen 10 bis 15 Minuten beiseite
stellen. Ab und zu umrühren.
- Die Sahne halbsteif schlagen und mit einem Spatel vorsichtig unter
die Schokoladenmasse heben.

Zusammensetzen der Torte

- Einen der beiden Biskuitböden auf eine Tortenplatte legen und mit
½ cm Abstand den Tortenring um den Boden herum stellen. Etwa
ein Drittel der Schokomousse einfüllen und glattstreichen. Die
Mousse soll über den Rand des Biskuits laufen, damit die Torte
nachher einen schönen Rand bekommt.
- Die Hälfte der Beeren darauf verteilen, dabei die Beeren nicht bis
ganz an den Rand setzen. Die zweite Biskuitscheibe auflegen, ganz
leicht andrücken und wieder mit Schokomousse und Früchten belegen. Mit dem verbliebenen Drittel Schokomousse abschließen.
Glattstreichen.
- Die Torte über Nacht abgedeckt in den Kühlschrank stellen.
- Vor dem Servieren an der Innenseite des Tortenrings mit einem
glatten Messer entlang fahren und den Ring öffnen. Die Torte üppig mit frischen Beeren belegen und dezent mit Puderzucker überstäuben.

FOTONACHWEIS

Alle Fotos Marion Jentzsch
mit Ausnahme von:
S. 59 Chocami,
S. 138 u. 139 Café Viktoria

Karten: Markus Deger
Kartengrundlage: www.openstreetmap.org

Alle Angaben in diesem Buch wurden von der Autorin nach bestem Wissen erstellt und sorgfältig geprüft. Inhaltliche Fehler, auch unzutreffende oder geänderte Öffnungszeiten sind dennoch nicht auszuschließen. Daher erfolgen alle Angaben ohne Gewähr. Es wird auch keine Haftung für etwaige Unstimmigkeiten übernommen.